디지털 에듀테인먼트 스토리텔링

차례
Contents

03왜 디지털 에듀테인먼트 스토리텔링인가　14패러다임적 사고와 내러티브적 사고　26디지털 에듀테인먼트 콘텐츠를 위한 스토리텔링 기법들　55디지털 에듀테인먼트의 상호작용성　62고전을 활용한 디지털 에듀테인먼트 스토리텔링　75신비에 둘러싸인 보물찾기 이야기의 즐거움　92디지털 에듀테인먼트 스토리텔링의 미래

왜 디지털 에듀테인먼트 스토리텔링인가

아는 자는 좋아하는 자만 못하고, 좋아하는 자는 즐기는 자만 못하다

21세기는 무엇이든 즐거워야 하는 세기가 되어 버린 듯하다. 휴대폰 같은 가전제품들의 경우도 기능의 뛰어남은 기본이 되어 버렸다. 탁월한 기능에 무엇인가 사람을 즐겁게 만드는 감성적인 코드가 결합되어야 고객들을 끌어 모을 수 있게된 것이다. 휴대폰이 잘 걸린다는 것은 이제 더 이상 핵심적인기능이 아니다. 적어도 고해상도의 사진을 찍을 수 있고, '싸이질'을 하면서 게임을 즐길 수 있는 정도는 되어야 한다.

맥도널드에서 아이들에게 장난감을 나눠주는 것도 같은 이유 때문이다. 소비자를 즐겁게 해주어야 한다는 것, 이는 21세기 기업의 최대 과제가 되었다. 이제 고객을 즐겁게 해주지 못하는 기업은 쇠퇴할 수밖에 없는 상황에 놓이게 된 것이다.

이런 마당에 교육 분야라고 예외일 수 없다. 이제 흑판에다 백묵으로 분필가루 휘날리며 학생들을 가르치기는 힘든 시대다. 또 교과서도 그런 엔터테인먼트의 조류 속에서 자유롭지 못하다. 교과서에 영화 스틸 사진이나 카툰, 혹은 4컷 만화 등의 시각적 흥미 요소가 배치되기 시작한 지 오래다. 그렇지 않으면 학생들의 시선을 단 몇 초도 잡아놓기 어렵기 때문이다.

최근 TV 매체도 교육 분야에 불어 닥친 엔터테인먼트의 요구를 적극적으로 수용해서 에듀테인먼트 프로그램을 속속 제작해서 방송하고 있다. KBS 제 2TV의 「TV 교과서 학교야 놀자」나 「스펀지」 같은 프로그램이 대표적인 에듀테인먼트 콘텐츠라고 할 수 있다.

교육에 오락적 요소를 가미한 에듀테인먼트는 시간이 가면 갈수록 더욱 주목을 받을 것으로 보인다. 현대 경영학의 대부로 불리는 피터 드러커는 그의 저서 『NEXT SOCIETY』에서 다가올 사회는 지식이 급속하게 진부하게 되므로, 지식근로자는 정기적으로 학교로 되돌아가야만 한다고 밝힌 바 있다. 따라서 이미 고도로 교육을 받은 성인들을 위한 계속적인 교육은 다음 사회에 있어 큰 성장 부문이 될 것이라고 예측했다. 그리고 그 형태는 주말 세미나, 온라인 훈련 프로그램 등 장소를 정하지 않고 수많은 곳에서 이뤄질 것이라고 전망했다. 점점 더 평생교육이 강조되는 이유도 이러한 맥락일 것이다.

따라서 앞으로 에듀테인먼트 콘텐츠는 초등학교나 유아 대상의 콘텐츠에서 벗어나 대학교육, 직업교육, 창업교육, 산업교육, 평생교육 등에 적극적으로 활용될 것이다. 전문 영역의 필요한 지식과 능력을 보다 쉽고 재미있게 익히는 데 에듀테인먼트 콘텐츠들이 점점 더 많이 활용되고 있고, 앞으로 그 비중은 더욱 확대될 것으로 보인다.

교육과 오락의 결합, 에듀테인먼트

에듀테인먼트란 에듀케이션(교육)과 엔터테인먼트(흥미)를 결합시킨 신조어다. 학습 활동에 흥미라는 요소를 첨가시켜서 학생들의 참여와 흥미를 유발하는 새로운 형태의 교육을 뜻한다. 그러니 새로운 형태라고는 하지만, 우리는 일정 정도 에듀테인먼트를 늘 경험하고 있다고 할 수 있다. 학교에서 선생님들도 학생들을 지루하지 않게 하기 위해 늘 재미의 요소를 가미하려고 애를 쓴다. 특히 학원 선생님들이 에듀테인먼트에 능하다.

유명 강사들이 다른 선생님들보다 훨씬 많은 지식을 알고 있기 때문에 성공한 것이 아니다. 그들은 정보의 전달 방법, 즉 학습 내용을 재미있고 익살스럽게 전달할 줄 알았기 때문이다. 육담(肉談)이나 농담에 능한 강사가 유능한 강사라는 말이 있다. 그 완급 조절을 통해 학생들에게 인상 깊은 강의를 하면 유명한 강사가 되는 것이다.

과학 강사 장하나 선생님이 대표적인 에듀테인먼트 강사라고 할 수 있을 것이다. 유머와 재치를 활용하여 30-40초 간격으로 청중을 웃기는 독특한 강의 방식은 꽤 어려운 과학적 지식을 아주 손쉽게 전달한다. 그와 같은 방식은 학생들에게 주입식 강의보다 훨씬 오랫동안 강의 내용을 기억하게 만든다.

영어교육 분야에서도 에듀테인먼트는 자주 활용되는데, 그 시작은 오성식의 팝스 잉글리시로 볼 수 있다. 영어는 우리가 10년 이상을 공부해도 언제나 골칫거리다. 그래서 영어 소리만 들어도 머리가 지끈거린다. 바로 그런 피교육자들의 거부감을 영화와 팝송이라는 엔터테인먼트적 요소를 통해 중화시킨 것이 오성식의 팝스 잉글리시였다.

이처럼 교육 현장에서 정보의 전달을 친근하게 하기 위해 조금씩 활용하던 흥미의 요소가 최근 들어서 매우 중요해졌다. 에듀테인먼트라는 말이 일종의 키워드가 되었다. 여기에는 원래 교육이 따분한 것이라는 측면도 있지만, 그에 못지않게 피교육자의 변화가 수반되어 있다.

교육환경의 변화와 에듀테인먼트의 도입

그렇다면 왜 이렇게 에듀테인먼트가 중요한 키워드가 되었을까. 그 이유는 매체의 다변화, 그리고 그로 인한 피교육자의 변화에 기인한다. 좀 더 쉽게 말하면, 교육을 접할 수 있는 수단이 점점 많아지면서 피교육자들이 보다 쉽고 재미있는 교육 콘텐츠를 찾아가게 되었다는 뜻이다.

인간은 원래 가급적이면 쉽고 재미있게 무엇인가를 배우려고 한다. 무엇인가를 배우고자 할 때에도 최대한 경제 원리에 충실한 모습을 보인다. 즉, 최소한의 투자로 최대의 효과를 얻고자 하는 것이다. 그런 심리를 반영한 책이 베스트셀러로 널리 알려진 『영어공부 절대로 하지 마라』와 같은 책이다. 무엇이든 꾸준하고 열심히 하겠다는 것은 인간의 본성을 넘어서는 이야기로 들린다. 또 인간은 가급적이면 비용이 싸면서 빨리 배울 수 있는 방법을 찾는다. 인간의 그러한 욕망이 에듀테인먼트를 요구한다.

과거에는 책과 견줄 만한 정보의 획득 수단이 드물었다. 물론 TV, 만화, 영화 등의 매체가 있었지만 대개가 엔터테인먼트를 위한 매체였고, 대부분의 정보는 책을 통해 획득했다. 하지만 지금은 다르다. 인터넷의 발달로, 우리는 필요한 정보는 거의 대부분 인터넷에서 얻을 수 있다. 또한 종이신문도 무가지를 포함하면 10종을 훌쩍 넘어선다.

반면에 그와 함께 지식이나 정보의 획득을 위해 투자하는 시간은 급격하게 줄어들었다. 다양한 오락 수단이 등장했고 레포츠(롤러 블레이드 등의 익스트림 스포츠)의 발달로 인해 실제 교육 활동으로 사람들의 관심을 모으기가 무척 힘들어진 것이다.

이처럼 여러 가지 가외(家外)활동으로 바빠진 피교육자들을 학습으로 유인하기 위해서 엔터테인먼트적 요소가 필수적인 것으로 되었다. 『오락의 경제』의 저자 울프에 따르면 미래 산업은 엔터테인먼트 사업이 될 것이라고 한다. 미국의 개인 저축률이 2.1%인데 비해, 오락비용은 그 4배 이상의 지출인 8.4%를 차지하고 있다. 오락이 중심이 되는 세상이 온 것이다.

또 일상을 바탕으로 한 교육 내용의 기획이 필요해진 시대가 되었다는 점을 생각해 볼 수 있다. 쉽게 표현하면 '나'가 중요해진 시대라고 할 수 있다. 요즘 세상은 객관적인 지식 및 교양을 필요로 하지 않는다. 개인에게 필요한 지식 및 정보는 'Know-How'일 뿐이다. 그러다 보니 교육 내용과 일상의 연결, 즉 지식이 일상을 살아가면서 왜 필요한가를 알려주는 것이 중요해졌다.

가령 요즘 사람들은 과학 지식 하나를 알려주려고 하더라도 자기들의 실생활에 필요하지 않으면 배우려 하지 않는 경우가 많다. 바람이 왜 부는지, 물이나 공기는 왜 차가운 것이 밑으로 내려가고 뜨거운 것이 위로 올라가는지 알려고 하지 않는다는 말이다. 그것을 알아야 하는 이유를 설명해 주기 위해서는 일상과 연결시키거나 흥미를 부여해야 한다.

물론 교육 내용 자체가 여전히 유효한 경우, 가령 영어, 자기계발, 수능시험 교육의 경우는 개개인의 이익을 위해 필요하기 때문에 누구나 열심히 공부한다. 말하자면 위 분야들은 수요가 명확한 영역이고, 이 경우 교육 콘텐츠에서 엔터테인먼트의 비중은 작아진다. 공인중개사 시험 교재 혹은 강의나 사법고시를 대비한 교육에서 엔터테인먼트가 적용되기는 힘들다는 말이다.

또한 사람들은 기본적으로 나의 감정이나 관심을 동일시할 수 있는 화자가 명확한 경우 관심을 더 기울이는 측면이 있다. 예를 들어 전쟁 반대를 사람들에게 어필할 때, "전쟁이 나면 사람들이 많이 죽습니다"라고 말하기보다는 "나는 우리 어린이들 중 단 한 명이라도 전장에서 죽게 하고 싶지 않습니다"라고 말하는 편이 훨씬 강렬한 인상을 준다.

한 사람이 처리해야 하는 정보의 양이 점점 많아짐에 따라서 현대인들은 점차적으로 객관적이고 가치중립적인 정보에는 갈수록 무감각해지고 있다. 따라서 정보를 특정한 화자(주인공)가 소화하고 간추리고 압축해서 전달하는 것이 필요하다.

'정보의 필요' → '경험의 필요'로 관심이 변하고 있는 것이다. '영화 촬영법'이 아니라 '나는 이렇게 영화를 찍었다.'가 중요한 시대가 되었다는 말이다. 이제 사람들이 공통으로 중요시하는 어떤 하나의 절대적인 지식을 상정하기가 점차 힘들어지고 있다.

사람들이 귀 기울이는 정보는 그 분야에서 성공적인 업적을 남긴 사람의 경험담이다. 그쪽이 교육 효과가 더 크다. 피교육자들이 이런 경험담을 접했을 때 뭔가 배울 게 많겠다고 생각하는 것은 당연하다. 이는 일종의 필터링 효과다. 어떤 정보가 누군가의 경험을 통해 필터링되면서 그 가치가 입증되어야 일반 유저(user)들에게 필요한 지식으로 인정받게 되는 것이다. 피교육자들은 이렇게 변화해 가고 있다.

조금 더 나아가 보면, 지식의 전달 및 교육에 있어서 '현상' 과 '의미'의 연결이 필요해졌다는 사실도 깨닫게 된다. 영화 촬영에 관한 정보를 전달해야 하는 경우를 생각해 보자.

우리는 홍콩의 유명한 영화감독 왕가위의 영화 「중경삼림」에서 주인공의 움직임은 정상인데 주변 사람이나 사물은 매우 빠르게 움직이는 장면을 볼 수 있다. 이 장면을 위해서 주변 사람들이나 물건은 정상적으로 움직이는 반면 주인공은 초저속으로 움직여야 한다. 이것을 카메라로 촬영한 후 편집할 때 필름을 다른 부분보다 훨씬 빨리 돌리면 그와 같은 화면이 나오게 된다.

여기까지의 내용은 일종의 촬영 기법에 대한 '정보' 설명이다.

그런데 왕가위 감독은 무슨 이유로 이런 촬영 기법을 사용했을까? 이 장면을 보면 등장인물이 현실세계와는 다른 세계에 외따로 떨어져 있다는 느낌을 받는다. 감독은 현대인의 고독과 외로움 등을 이런 방식으로 형상화하고자 한 것이다.

이와 같은 내용은 정보, 기술, 지식 등에 의미를 연결하는 방식, 즉 피교육자가 원하는 전달 방식이다.

현대 세계를 살아가는 유저들이 한꺼번에 소화할 수 있는 정보의 양이 급감하고 있다. 이는 아주 간단한 통계만 내봐도 명확해진다. 예전 책들의 활자 크기는 굉장히 작았다. 반면 책의 쪽 수는 보통 300을 넘었다. 그런데 최근 책의 경우 활자 크기는 무척 커진 반면에 쪽 수는 170에서 220이 평균이다. 대략 계산해 보면 요즘 책들을 약 3권 정도를 읽어야 예전 책 중 1권을 읽은 것이라 할 수 있다.

  쪽 수가 줄어들고 활자 크기가 작아지기도 했을 뿐 아니라 정보를 전달하는 내용의 가공 방식도 달라져서 책 안에 담긴 정보의 양은 급격하게 줄어들고 있다. 필요한 정보를 딱딱하게 나열하면 아무도 읽지 않기 때문에 그 정보를 전달하기 위한 다른 장치들이 많이 들어가게 된다. 초등학생용 한자 책 『마법천자문』은 총 20권으로 이루어져 있는데, 거기에 한자는 총 400자만이 있다. 400자의 한자를 익히기 위해 책 20권을 읽는 것이다. 얇은 펜글씨 교본으로 1,600자 가량의 한자를 공부했던 세대에게는 무척 놀라운 일이다.

  마지막으로 한 가지만 더 덧붙이면 감성 중심의 사회로 세상이 변화하고 있는 것도 에듀테인먼트가 중요해진 이유가 된다. 유한 킴벌리 문국현 사장은 "사람의 능력은 손과 발에만 있는 것이 아니라 머리와 가슴에도 있다. 사람의 손과 발만 이용할 경우에는 보통 능력의 20-30%만 활용할 수 있다고 한다. 그러나 머리와 가슴까지 움직이면 사람의 능력을 80-90%, 심지어 흔히 하는 말로 '십이분' 활용할 수 있다"고 말한 적이

있다. 마음을 움직이는 경영이 바로 인간 존중 경영이라는 것
이다. 그래서 직원들이 지식 혁신의 주체가 되도록 하기 위해
4조 3교대제, 평생학습 지원 등의 복지 혜택을 내놓게 된 것
이다. 이런 마음을 움직이는 인간 존중 경영은 이미 세계 일류
기업에서 활용하고 있는 선진 경영 기법이다. 이는 세상이 감
성 중심의 사회로 변모했다는 것을 의미한다. 그 이유는 사회
학자가 밝혀내야 할 부분이겠지만, 적어도 에듀테인먼트 콘텐
츠를 비롯한 디지털 콘텐츠에 관심이 있는 사람이라면 이러한
고객, 유저의 변화를 감지해야 한다.

　사람들의 이런 코드 변화를 정확하게 짚은 것이 『선물』『경
호』『더 골』『누가 내 치즈를 옮겼을까?』『마케팅 천재가 된
맥스』 등의 이른바 '경영 문학'이다. '경영 문학' 하니까 머리
가 아프지만, 쉽게 말하면 소설의 형식을 빌려 경제, 경영, 자
기계발에 필요한 정보를 전달하는 방식이다.

　소설 형식을 빌려와서 내러티브를 차용한 이유는 바로 감
성에 호소하기 위해서다. 이런 형식의 책에는 주인공이 등장
하기 때문에 독자의 감정 이입이 용이하다. 예를 들면『폰더
씨의 위대한 하루』의 주인공은 어느 날 회사에서 해직을 당한
다. 평생을 몸 바쳐서 다녔던 회사인데, 불황으로 감원 대상에
포함된 데다가 퇴직금도 없다. 해직 당하고 나니 동네 목공소
밖에 취직할 데가 없고, 사랑하는 아내도 밖에 나가 일을 해야
한다. 좋았던 옛 시절을 생각하면 비참해 질 수밖에 없다. 그
러던 어느 날 엎친 데 덮친 격으로 아이가 폐렴에 걸린다. 그

런데 치료비가 없다.

이런 상황에 처한 주인공의 모습을 보면서, 우리는 각자 자신의 처지를 대입하게 된다. 폰더 씨처럼 실제로 문제에 부닥치지는 않았어도 언제 우리도 그런 현실과 대면할지 모른다고 생각하게 된다. 바로 그 지점에서 마음이 움직임이게 되고, 책 안에 담겨 있는 내용을 가슴으로 받아들이게 된다. 그러하기에 궁지에 몰린 주인공이 여러 인물들과 만나면서 삶의 교훈을 배우는 내용이 펼쳐지면, 그저 막연히 이래라저래라, 목표를 가져라, 용기를 잃지 마라 하는 식의 내용보다 훨씬 감성적 공감을 끌어내기 용이하게 되는 것이다. 현대 사회에서 에듀테인먼트가 필요하게 된 것은 바로 이러한 이유 때문이다.

패러다임적 사고와 내러티브적 사고

　　이제 교육 방식의 변화에 대해 살펴보도록 하자. 종래의 교육 방식은 흔히 지식의 본질을 주체의 밖에 존재하는 객관적 존재(reality)로 인식하는 환원주의적인 입장을 갖고 있었다. 따라서 지식이란 주체에게 제시되는 대상을 과학적 탐구 방법에 의해 정확히 파악할 때 얻어질 수 있다고 여겨져 왔다. 이러한 인식론적 가정은 원인-결과로 현상을 파악하려는 뉴턴 이래의 근대적인 패러다임을 그대로 반영하는 것이다. 그래서 절대 불변하는 객관적인 지식이 있다고 믿었고 그것을 학생들에게 전달, 습득하도록 했다. 인간이라면 몰라서는 안 되는 지식, 강제적으로라도 주입해야 하는 지식으로 간주되었던 것이다. 지식에 대한 인간의 이러한 사고 양태를 패러다임적 사고(paradigmatic mode of thought)라고 할 수 있다.

그러나 이런 사고는 현대사회에는 점점 더 적합하지 않게 되었다. 지식의 양도 많아졌고 습득한 지식이 점점 더 빨리 낡게 되어 유효성을 잃게 되었기 때문이다. 우리는 이미 오래전부터 삶을 살아가는 데 필요한 지식을 학교에서 배우지 않고 있다. 그리고 기존의 방식으로 반드시 알아야 할 지식을 설정하고 그것을 습득하기 위해 노력하는 것은 시지프스의 노동이나 다름없게 되어 버렸다.

가령 우리는 자동차 속의 엔진 작동원리, 이런 지식을 기술시간에 배웠다. 하지만 요즘은 그런 지식은 거들떠보지도 않는다. 자동차를 모는 법이나 안전 운전 기술을 배우고자 할 뿐이다. 사실 그것만으로도 시간이 부족하다. 또 프로그래머 외에는 컴퓨터 언어를 잘 배우지 않는다. 다만 소프트웨어 사용법을 익힐 뿐이다. 포토샵, 워드 프로그램, 엑셀 등 소프트웨어의 사용법만을 알기에도 시간이 턱없이 모자랄 지경이다.

한스 노르베르트 볼츠는 우리가 활용은 하지만 이처럼 그것이 어떻게 작용하는지는 전혀 알지 못하는 지식체계를 가리켜서 '블랙박스'라고 명명했다. 디지털 카메라 안의 전자 장치가 어떻게 작용하는지 우리는 모른다. 휴대폰이 어떤 과정을 통해 무선통신이 가능한지 우리는 알고자 하지 않는다. 왜? 그것들을 다 알려고 했다가는 머리에 쥐가 나거나 미쳐버릴 것이기 때문이다.

21세기의 변화된 세상, 다시 말해 인터넷으로 인해 정보의 홍수가 일어나고, 세상이 복잡해지면서 나타난 여러 지식을 패러다임적 사고로 받아들일 경우 거의 혼돈 상태가 될 것이다. 그에 따라 지식을 인식하는 사고 양태도 변화되어야만 했다. 중요한 것은 적응 능력이자 문제 해결력이 된 것이다.

사람들은 변화하는 예측 불가능한 세계에 적응해야만 하게 되었고 그에 따라 내러티브적 사고(narrative mode of thought)가 중요한 의미를 띠게 된 것이다. 내러티브적 사고란 지식의 생성적인 본질을 가리키는 말로, 이야기를 만드는 마음의 인지적 작용을 의미한다. 패러다임적 사고가 인간과는 무관한 사물과 사건들의 불변성에 연결된 '존재'의 세계를 만든다면, 후자는 삶의 요구들을 반영하는 인간적인 세계를 이해하려 한다. 내러티브적 사고는 수많은 관점들과 가능한 '세계'를 만들어 냄으로써 가설 검증이 아닌 가설 생성을 수행하게 된다.

이제 주체 외부에서 존재하는 추상적인 사고방식은 별다른 의미나 매력을 갖지 못한다. 그러한 사고들이 주체와 밀접한 관련을 맺을 때, 가령 경험 가능하거나 흥미가 주어질 때에야 비로소 의미를 갖게 된다.

앞서 얘기했듯이 개념을 백번 얘기해 봐야 사람들은 관심을 기울이지 않는다. '와이어 액션이란 줄을 매달아 배우를 공중에 띄워 날아다니듯 보이게 하는 촬영 기술'. 이런 식으로 정보를 제공하면 하품을 할 뿐이다. 대신 "「천녀유혼」이나 「아라한 장풍 대작전」을 보면 사람이 공중을 붕붕 날아다닙니다. 그걸 어떤 식으로 촬영하냐면요. 배우들의 몸에 투명하지만 얇고 질긴 줄을 묶어서 들어올립니다. 그런 상태로 배우들이 연기를 하는 거예요. 그렇게 촬영을 한 후 CG로 줄이 보이는 부분을 간략하게 처리하면 배우들이 날아다니는 것처럼 보이지요. 그걸 와이어 액션이라고 한답니다." 그러면 사람들이 관심을 갖게 된다. 추상적인 것보다는 구체적인 것을 선호하고, 그 구체적인 것도 자신이 관심 있는 것, 자신이 좋아하는 것, 자신에게 이익을 주는 것으로 한정된다.

그렇기 때문에 글을 쓰거나 무언가를 설명할 때 현대 사회에서 가장 적절한 방식이 예시와 비유이다. 노회찬 의원이 스타로 떠오른 것도 "50년 동안 한 판에서 계속 삼겹살을 구워 먹어서 판이 이젠 새까맣게 됐습니다. 이젠 삼겹살 판을 갈아야 합니다"와 같은 비유를 적절하게 구사했기 때문이다.

정리해 보면 이제 지식은 불변하는 객관적인 지식에서 삶의 요구를 반영하는 인간적인 지식이 중시되고 있다. 그와 함께 추상적이고 일반적인 설명보다는 구체적이고 경험적인 설명을 함께 원하고 있는 것이다.

에듀테인먼트 스토리텔링이 필요한 것은 바로 이와 같은 지식의 변화와 관련이 있다. 아주 복잡한 사태들은, 이제 삶의 요구에 맞춰서 디자인되어야 하게 되었다. 그리고 감성적으로 경험 가능한 형태로 조직되어야 하게 된 것이다.

에듀테인먼트 스토리텔링의 원리: 백과사전식 지식을 경로탐색의 스토리로

이제 절대적인 지식의 입력이 아니라 정보의 혼돈 속에서 경로를 찾아 필요한 정보를 적재적소에 활용할 수 있는 방식을 가르치는 것이 교육의 목적이 되고 있다. 기존의 교육관이 취했던 '인지주의'는 '이 세계는 학습자의 외부에 실재하고 있다'는 객관주의적인 견해였다. 따라서 이때의 교육 방식이란 학습자가 외부세계의 구조를 파악하게 하는 교육 방식이고 딱딱하고 재미없는 지식의 나열인 경우가 대부분이었다.

반면, 그 이후 나타나게 된 '구성주의 학습이론'은 그와 같은 한계를 넘어서고자 한다. 즉, '지식은 개인이 가지고 있는 경험에 의해 의미를 창출함으로써 형성된다'는 견해를 보인다. 따라서 이 경우 학습은 학생들의 머릿속에 이미 형성된 개념과 새로 배우게 될 개념과의 상호작용에 의해 이루어진다고 여겨진다. 학습은 학습자 스스로가 의미를 구성하는 능동적 과정이라는 것이다. 이런 구성주의적 관점에서 보면 학습을 실제 관련 상황과 연계시키는 것이 매우 중요해진다. 학습자들이 이미 습득한 다양한 지식을 새롭게 당면한 문제와 연관시킴으로써, 실제적 상황에서 적합한 이해가 이루어지도록 하는 것이 강조되는 것이다.

이제 백과사전식 지식 주입을 지양하고, 정보의 경로를 찾아가는 길라잡이(path finder)로서의 학습이 필요하게 되었다. 이 경우에 위계화된 정보의 단순한 암기는 상황의 제시와 해결 경로의 탐색이라는 인간적 상황을 결합한 내러티브적 사고로 연계 혹은 변화되어야 한다. 다시 출판물의 경우를 살펴보도록 하자. 예를 들어 오프라인 출판시장에서 주목받고 있는

『로빈슨 크루소 따라잡기』의 경우가 대표적인 에듀테인먼트 스토리텔링의 예라고 할 수 있다. 이 책은 '무인도 생존법'이라는 컨셉트로 제작된 청소년 과학 상식 도서다. 기존의 청소년 교양 도서가 지나치게 지식 전달 위주의 컨셉트를 가졌던 데 반해, 『로빈슨 크루소 따라잡기』는 스토리텔링을 도입해 흥미의 요소를 크게 부각시켰다.

일단 가장 큰 특징은 서술 방법이다. '노빈손'이라고 하는 등장인물이 등장하는 일종의 소설이다. 중심 이야기는 '로빈슨 크루소'를 벤치마킹하여 무인도를 탈출하는 과정으로 이루어져 있다. 그리고 '로빈슨 크루소'를 절묘하게 패러디한 이름을 가진 주인공 '노빈손'(No 빈손; 빈손이 아니다)은 유저의 성향에 맞게 대학 새내기(20세), 순발력 넘치는 잔머리의 대가, 엄청난 독서광(대부분 만화), 귀엽다기보다는 엽기적인 외형, 엉뚱하고 엽기적인 성격을 갖고 있다.

기존의 과학책들은 위계화된 정보의 나열이었다. 그렇기에 지루했다. 그런데 이 책은 내러티브적 사고를 도입하고, 여러 가지 과학 지식들을 '무인도에서 살아남기'라는 경로를 통해 통합시켰다. 여기서 주인공 '노빈손'은 길라잡이라고 할 수 있다. 정보의 정글에서 다른 사람(독자)들을 대신해서 지식의 미로를 통과하고 있는 것이다. 다른 과학 지식은 크게 필요 없다. 오직 무인도에서 살아남는 경로에 포함된 지식만이 필요할 뿐이다.

이렇게 다른 사람들을 대신해서 지식의 미로를 통과할 수

있는 길을 개척하는 사람을 가리켜 '개척자(pioneer)', 혹은 '트레일 블레이저(trail blazers)'라고 한다. 이들이 개척한 경로와 그로부터 발생된 의미 있는 정보를 역으로 학습 프로그램으로 만드는 것, 즉 경로 탐색의 스토리화가 바로 에듀테인먼트 스토리텔링의 근본적인 원리라고 할 수 있을 것이다.

교육 영역에서 경로 탐색의 스토리화라는 개념의 도입이 반드시 저학년용 학습물에만 해당하는 것이 아님을 보여주는 오프라인 출판물이 『The Goal』이다. 이 책은 비즈니스 교육부문에 스토리텔링이 적용된 것이다. 이 책에는 기업 경영 혁신을 컨셉으로 하는 내용이 책 전체의 스토리 안에 녹아 있다. 노빈손과 마찬가지로 특정한 난관, 즉 상황을 제시하고 그것을 해결해 나가는 과정이 하나의 스토리를 이루게 된다. 이 사례는 '기업 교육'의 수단이 되는 디지털 교육 콘텐츠에 에듀테인먼트 스토리텔링이 적용될 수 있다는 점을 보여준다.

그러나 이 같은 오프라인 출판물에 도입된 '스토리'는 단선적이기 때문에 피교육자에게 학습의 흥미를 부여할 수는 있지만 '몰입'으로 다가가게 하는 데는 한계가 있다. 책이라는 매체의 특성 탓에 스토리는 일직선적이며 피교육자는 그 스토리를 수동적으로 따라가면서 그 스토리가 찾아낸 경로에 내재되어 있는 교육적 내용을 받아들일 뿐이다. 능동적이고 적극적인 경로 탐색으로 나아가기는 힘든 한계가 있다. 또 책은 물리적 분량의 제약으로 공급할 수 있는 학습 자료 역시 극히 제한되어 있다. 오프라인 출판물에서 에듀테인먼트 스토리텔링이 과학 상식이나 간략한 경영 이론의 전달에 그칠 수밖에 없는 것은 이런 한계 때문이다.

그러나 온라인상의 디지털 교육 콘텐츠는 매체의 특성으로 인해 이런 한계를 극복할 수 있다. 디지털 에듀테인먼트 스토리텔링에 주목해야 하는 것은 바로 그런 가능성 때문이다.

디지털 에듀테인먼트 스토리텔링의 가능성

최근 들어 e-러닝(e-learning)이 주요한 디지털 산업 분야로 떠오르고 있다. 그 개념은 쉽게 이해할 수 있다. e-러닝은 사이버상에서, 그러니까 인터넷 기술을 기반으로 한 교육프로그램을 가리킨다. 많은 사람들이 e-러닝을 활용해 보았을 것이다. 수능 입시와 관련한 e-러닝 사이트도 많이 개발되어 있다. '메가스터디'나 이투스 그룹의 '이투스'는 고3 학생들이 많이 방문하는 사이트이다.

그런데 고등학생을 대상으로 하는 e-러닝 사이트에서는 에듀테인먼트의 개념이 강하기가 힘들다. 수험생을 대상으로 한

교육은 자연히 정보의 제공에 주안점이 놓이게 된다. 당장 코앞에 닥친 시험을 준비하기 위해서는 많은 정보를 단시간에 학습해야 하기 때문이다. 그래서 학생들이 입시교육을 위한 디지털 콘텐츠에서 원하는 것은 흥미보다는 정보 쪽이 강하다. 그래서 거의 대부분 주된 강의는 오프라인 강의를 비디오로 녹화하는 수준에 그치고 있다. 거기에 약간의 기술적 지원을 통해 자막이나 그래픽 등을 보강하는 상황이다.

그래서 고등학생을 대상으로 하는 e-러닝 사이트에서 중요한 것은 동영상 전송 기술이다. 얼마나 끊기지 않고 깨끗하게 동영상 강의를 전달할 수 있느냐가 관건이 된다.

그러나 중학생을 대상으로 하는 e-러닝은 조금 다르다. 아직 입시에 대한 부담감이 적기 때문에 정보의 양을 강화할 필요가 없다. 게다가 중학생들은 집중력이나 학습 의지가 고등학생보다는 훨씬 떨어진다. 고등학생부터는 거의 필사적으로 공부를 한다. 생존을 위한 공부에서는 사실 재미라는 요소가 없더라도 공부를 해야 한다. 대학에 합격하기 위해서 우리는 얼마나 재미없는 책들을 뒤적여야 했던가. 하지만 중학생들은 그와 같은 중압감에 시달리지 않기에 공부에 대한 의욕도 그리 높지 않고, 흥미에 대한 요구도 많은 편이다.

중학생 대상 e-러닝 서비스에 가장 먼저 뛰어든 회사는 '에듀클럽'(www.educlub.co.kr)이다. 이 회사는 회원이 10만 명에 달한다. 이 회사의 모토를 보면 디지털 에듀테인먼트를 지향하고 있음을 알 수 있다. "내용은 진지하게, 형식은 재미있게."

그런데 그 '형식은 재미있게'가 보여주는 것이 아직은 조금 유치해 보인다. 가령 강의 중 중요한 부분에서 번개(플래시 효과)가 등장한다. 강사가 세계의 전통의상을 입고 강의를 하는 이벤트를 마련하기도 한다. 또 가수 '싸이'가 등장하는 특강을 제공해서 지루한 학습에서 벗어날 수 있는 기회를 제공하기도 한다.

모두가 재미있게 강의하려는 노력에서 비롯된 것이지만, 그 발상 자체가 전통적인 교수법을 그대로 내버려 둔 채, 부차적인 것들만 덧붙인 것이다. 자연히 디지털 콘텐츠로서의 장점을 십분 활용하지 못하고 있는 실정이다.

비슷한 또 다른 사이트로 '메가스터디 엠베스트'(www.mbest.co.kr)가 있다. 여기는 수능 사이트로 잘 알려진 메가스터디가 중학생을 대상으로 만든 사이트다. 이곳 역시 1 대 1 담임제도, 학습계획 서비스 등 체계적인 학습관리를 특징으로 강조하고 있다. 그러나 역시 전통적인 교수법은 그대로 유지되고 있다. 게임처럼 등급제를 활용했다는 점이 눈길을 끌 뿐이다.

'참누리 1318'(www.1318class.com)과 '한공부닷컴'(www.hangongbu.com)이라는 사이트도 있다. 이 사이트들 역시 앞서 언급한 사이트와 크게 다른 점은 없다. 1318 세대가 PDA에 동영상을 담아 들고 다니며 공부할 수 있는 강좌를 제공한다는 것과, 탤런트 이상인이 건강체조를 강의(한공부닷컴)하는 정도가 특이하다고 할 수 있을 것이다.

이들 사이트는 웹상에서 교육 콘텐츠를 제공한다는 점에서

e-러닝 매체라고 할 수 있지만, 에듀테인먼트라고 이야기하기에는 너무 부수적인 장치들만 있을 뿐이다. 말하자면 온라인의 입시 학원이나 보습 학원은 오프라인의 학원을 웹상에 옮겨 놓은 정도라고 보는 것이 타당할 것이다.

이런 사이트들의 등장은 e-러닝의 시장 규모가 크다는 것을 보여준다. 아마 앞으로 그 시장 규모는 점점 더 커질 것이다. e-러닝은 기존의 오프라인 교육 환경의 한계를 극복할 수 있기 때문에 또한 전망이 좋다. 언제, 어디서, 누구에게나 적시성 교육이 가능하기 때문이다. 앞으로는 기업의 비즈니스 트레이닝도 e-러닝이 대체하게 될 것이다. 군사 분야에서는 이 러닝이 도입된 지 이미 오래다. 항공기 조종 시뮬레이션 게임이나 워 게임 프로그램은 일종의 e-러닝 프로그램이라고 할 수 있을 것이다.

하지만 이런 경우, 흥미를 위한 스토리텔링을 가미하는 측면이 아직까지는 질 높은 정보의 집적 및 재생 가능성이라는 요소를 능가하기 힘들다. 피교육자들이 학습에 대한 높은 열의를 가지고 있기 때문이다. 그래서인지 학습의 흥미를 유발하기 위한 디지털 콘텐츠는 아직까지는 거의 전무한 실정인 것 같다.

한 가지 흥미로운 것은 유아와 초등학생을 위한 교재들 중에 오히려 에듀테인먼트의 요소가 가미된 콘텐츠들이 많다는 점이다. '키즈닷컴'이나 '몬테소리', '넷마블' 등에서 이와 같은 디지털 콘텐츠를 제작, 공급하고 있다.

또한 점차 평생학습의 개념이 우리나라에 정착되면서 점점 더 많은 사람들이 자신의 계발을 위해서 웹상에서 교육 콘텐츠를 찾게 될 것이다. 학생들은 보다 재미있고, 보다 신나게 공부할 수 있는 온라인 콘텐츠를 찾게 될 것이며 관련 시장은 커질 수밖에 없다. 그게 세계적인 추세이기 때문이다.

이에 따라 아직 스토리텔링 기법을 적극적으로 받아들이고 있지 않은 중등, 고등학습 콘텐츠와 성인 대상의 디지털 교육 콘텐츠에서도 스토리텔링의 중요성은 곧 높아질 것이다.

디지털 에듀테인먼트 콘텐츠를 위한 스토리텔링 기법들

다양한 매체의 통합된 환경이 체험의 시공간을 넓혀준다

무엇인가를 배우는 가장 좋은 학습 방법은 '경험'일 것이다. 직접 체험해 보고 겪어보는 것만큼 흥미롭게 우리가 정보와 지식을 배우는 방법은 거의 없다. 보고 듣고 말하고 만지고 냄새를 맡는 오감을 활용하는 체험학습이 주입식 학습 방식보다 더 뛰어나고 학생들에게 산교육이 된다는 것에는 이견의 여지가 없을 것이다.

이와 같은 체험학습은 자연스럽게 에듀테인먼트의 성격을 갖게 된다. 가령 2002년 이래로 에버랜드에서 실시하는 동물 아카데미의 경우, 대표적인 에듀테인먼트 프로그램이라 할 수 있다. 침팬지 공연장에서 시작해 다람쥐원숭이와 알라스칸 말라뮤트를 직접 관찰하고 설명을 듣고, 호랑이와 사자 등을 기르는 인공 포육실에서 아기 맹수를 직접 만져볼 수도 있다. 오감을 총동원해서 마치 놀듯이 동물의 생태를 배우는 체험학습은 어쩌면 학생들에게 가장 이상적인 교육환경을 제공한다고 볼 수 있을 것이다.

그러나 이와 같은 체험학습은 시공간적 제약을 갖는다. 학습자의 경우, 정해진 시간까지 체험학습장이라는 공간에 가서 체험해야 한다는 제약이 따른다. 또 학습의 내용도 현재성을 띤다. 현실에 존재하는 동물들은 체험할 수 있지만, 가령 쥐라기 시대의 공룡을 생생하게 체험할 수는 없는 것이다.

그런데 그와 같은 시공간적 제약으로부터 보다 자유로운 체험을 가능하게 해주는 기술이 바로 디지털 에듀테인먼트다. 디지털을 통해 다양한 매체를 통합시킨 환경을 구현할 경우, 학습자는 텍스트뿐만 아니라 그래픽, 이미지, 오디오 등이 결합된, 학습에 있어서 최적의 환경을 구축할 수 있다. 이런 학습 환경에서는 적당한 상호작용성을 부여해서 흥미를 높일 수 있다는 장점이 있는 데다 학습자의 필요에 따라 반복을 통한 학습도 용이하고, 수준별로 자신의 레벨을 스스로 조종할 수도 있다.

한마디로 디지털 환경은 교육적으로도 훌륭한 바탕이 될 수 있는 것이다. 그러나 막연히 낙관에 근거한 에듀테인먼트 콘텐츠의 제작은 유저들의 호응을 받지 못하기 쉽다. 특히 에듀테인먼트에 활용되는 스토리텔링의 특수성을 감안하지 않을 경우 콘텐츠들은 오히려 학습자들에게 외면을 당할 가능성이 높다. 에듀테인먼트를 위한 스토리텔링은 소설이나 영화, 게임 등 엔터테인먼트 콘텐츠에서 활용되는 스토리텔링과는 아주 미묘하지만 중요한 차이가 있다. 그 미묘하면서도 중요한 차이는 그러나 에듀테인먼트 스토리텔링을 기존의 엔터테인먼트 스토리텔링과 확실하게 그 구상에서부터 구현 방식까지 차이 나게 만든다. 지금부터 그 차이를 하나하나 짚어 보면서 디지털 에듀테인먼트 스토리텔링의 원리를 점검해 보도록 하자.

디지털 에듀테인먼트 스토리텔링이 가져오는 몰입

칙센트미하이에 따르면 '몰입'은 삶이 고조되는 순간에 물 흐르듯 행동이 자연스럽게 이루어지는 느낌을 표현하는 말이다. 그것은 운동선수가 말하는 '물아일체(物我一體)의 상태', 신비주의자가 말하는 '무아경', 화가와 음악가가 말하는 미적 황홀경에 해당한다.

그는 우리가 적절한 대응을 요구하는 일련의 명확한 목표가 앞에 있을 때 몰입할 가능성이 높다고 말한다. 체스, 테니스, 포커 같은 게임을 할 때 몰입하기 쉬운 이유는 목표와 규칙이 명확히 설정되어 있어 무엇을 어떻게 해야 하는지 고민하지 않고 참여할 수 있기 때문이다.

몰입을 유발하는 활동을 '몰입 활동'이라고 부를 수 있다. 일상생활과는 달리 몰입 활동은 명확하고 모순되지 않은 목표에 초점을 맞출 수 있게 해준다. 몰입 활동의 또 하나 특징은 피드백의 효과가 빨리 나타난다는 점이다.

쉽지는 않지만 그렇다고 아주 버겁지도 않은 과제를 극복하기 위해 한 사람이 자신의 실력을 온통 쏟아 부을 때 거기에 '몰입'이 일어난다. 과제가 너무 힘겨우면 사람은 불안과 두려움에 젖다가 제풀에 포기하고 만다. 과제와 실력의 수준이 둘 다 낮으면 아무리 경험을 해도 미적지근할 뿐이다. 그러나 힘겨운 과제가 수준 높은 실력과 결합하면 일상생활에서는 맛보기 어려운 심도 있는 참여와 몰입이 이루어지게 된다.

원래 스토리텔링은 '흥미'를 불러일으킨다. 그런데 여기에 디지털 스토리텔링의 기본적인 요소인 상호작용, 즉 인터렉티비티가 가미되면 피교육자는 이와 같은 몰입을 경험하게 된다. 게임의 내러티브가 가져올 수 있는 이 '몰입'의 경험은 디지털 교육 콘텐츠에 스토리텔링을 도입할 때 최우선적으로 고려할 수 있는 요소라 할 수 있다. 따라서 게임의 내러티브 구조에서 '몰입'을 가져올 수 있는 측면을 분석해서 그것을 에듀테인먼트 스토리텔링에 원용하는 작업이 현재의 상황에서 고려해 볼 수 있는 과제라고 할 수 있다.

우리가 컴퓨터 게임을 할 때 경험하는 삼매경을 이론적으로는 학습을 하면서도 경험할 수 있다는 것이다. 적어도 이론상으로는 그렇다. 앞으로 더욱더 연구가 되어야 하겠지만, 아직은 게임에 투자하는 비용만큼 막대한 비용을 교육 콘텐츠에 쏟아 부을 수가 없기 때문에 그만한 콘텐츠를 만나기 어렵다. 그러나 곧 만나게 될 수 있을 것 같다. 왜냐하면 세상이 원하고 있기 때문이다.

에듀테인먼트 스토리텔링, 두 마리 토끼를 잡아라

호이징가(Johan Huizinga)는 그의 저서 『호모 루덴스』에서 인간 문화의 바탕에는 '놀이'의 원리가 깔려 있다고 주장했다. 정치, 경제, 문화, 외교, 전쟁, 스포츠 등 인간이 만들어 내는 모든 것은 본질적으로 '놀이'의 원리 위에 세워져 있다는 것이다. 그런데 이 놀이란 기본적으로 실용적인 목적을 위한 행위가 아니다. 놀이가 가져다주는 재미는 응당 특정한 목적을 가진 교육이라는 의도와 상충되게 되어 있다. 따라서 놀이와 교육이라는 두 가지 측면을 결합시키고자 할 때, 이 둘의 적절한 균형을 마련하는 것은 매우 중요해 보인다.

놀이를 표방한 교육, 교육(education)과 흥미(entertainment)의 결합을 추구하는 에듀테인먼트 콘텐츠에 접목되는 스토리텔링은 태생적으로 두 가지 목표를 지향할 수밖에 없다. 즉, 우선적으로 학습자에게 일정한 지식과 정보를 전달하고자 하는 교육적인 목표를 상정할 수밖에 없다.

문제는 이 교육적인 의도가 너무 생경하게 노출되어서는 안 된다는 것이다. 이 목표는 학습자에게 은폐되거나 에듀테인먼트 콘텐츠를 활용하는 동안에는 망각되는 것이 바람직하다. 공부하는 줄도 모르는 채 실컷 즐기면서 배우는 것, 여기에 에듀테인먼트의 진정한 의의가 있기 때문이다. 따라서 교육이라는 목표를 은폐하는 대신, 학습자가 욕망하고 도달하기를 바라는 또 다른 목표, 즉 표면적인 목표를 제시해야 한다.

흔히 『춘향전』에는 두 가지 주제가 있다고 알려져 있다. 즉, 춘향이 변학도의 수청을 들라는 요구를 단호하게 물리치고 이몽룡을 기다리는 이야기에는 '열녀'를 칭송하는 유교 사상이 담겨 있다고 본다. 이는 표면적인 주제에 해당한다. 그러나 이야기의 심층에 깔려 있는 또 하나의 주제는 바로 당대 민중의 '신분상승에 대한 욕망'이다. 이것이 이면적인 주제다. 생뚱맞게 『춘향전』을 들먹인 이유는, 바로 에듀테인먼트 스토리텔링도 이와 마찬가지로 표면적인 목표와 이면적인 목표가 동시에 구상되고 의도되어야 하기 때문이다.

단적으로 말해 에듀테인먼트 스토리텔링은 두 가지 의도에 의해 기획되어야 한다. 이를 편의상 표면적인 목표와 이면적인 목표라고 분류해 보자. 이해를 돕기 위해 오프라인 서적 콘텐츠를 먼저 살펴보자. 한국형 에듀테인먼트 스토리라 할 수 있는 청소년 도서 『로빈슨 크루소 따라잡기』의 경우가 좋은 예가 될 수 있을 것이다.

『로빈슨 크루소 따라잡기』는 청소년들에게 과학적인 정보를 재미있게 전달하기 위해 기획된 책이다. '만약 어느 날 무인도에 조난당한다면?'이라는 가정에서 출발하여 만들어진 에

**노빈손,
피라미드의 비밀을 풀어라**

에듀테인먼트 스토리텔링을 통해 청소년들에게 과학적인 정보를 재미있게 전달하는 『로빈슨 크루소 따라잡기』시리즈.

듀테인먼트 스토리텔링 콘텐츠이다. 원래 이 책의 모티브는 1998년 『과학동아』에 실렸던 특집기사 '로빈슨 크루소 따라잡기'에서 얻어진 것이다. 당시 『과학동아』에는 8쪽짜리 특집기사로 무인도에 떨어졌을 때 살아남으려면 이런 과학 상식이 필요하다는 정보기사를 실었었는데, 그것을 이야기의 형태로 바꿔 단행본으로 묶어 낸 책이 바로 뜨인돌 출판사의 『로빈슨 크루소 따라잡기』이다.

이 책의 두 가지 목표를 살펴보면 에듀테인먼트 스토리텔링이 지향하는 두 가지 커다란 목표를 이해할 수 있다. 제목에서 이미 알 수 있듯이 다니엘 데포우의 『로빈슨 크루소』에서 모티브를 따온 이 책의 내용에서 주인공 노빈손은 여름방학을 맞아 해외 배낭 여행길에 나섰다가 비행기가 무인도에 불시착하는 바람에 무인도에 홀로 남겨지게 된다. 노빈손의 목표는 당연히 '무인도 탈출'이다. 『15소년 표류기』나 『톰 소여의 모험』 등의 모험소설이 독자들에게 주는 그 흥미로움, 즉 재미가 표면적인 목표가 되는 셈이다.

그러나 책이 궁극적으로 전달하고자 하는 것은 주인공 노빈손이 무인도에서 생존하며 탈출을 위해 활용하는 학교와 일상생활에서 보고 들었던 과학적인 원리다. 그 과정을 통해 학습자들에게 과학적 정보들을 전달하는 것이 숨겨져 있는 목표인 셈이다. 여기서 중요한 것은 스토리상에서 이와 같은 교육적인 목표는 은폐되거나 적어도 생경하게 노출되어서는 안 된다는 것이다.

결론적으로 에듀테인먼트 콘텐츠는 오락의 흥미적 요소가 충분하지 않아 교육적 측면만 강조되는 경우 그저 그런 사이버 교재수준으로 전락하고 만다. 반면 오락성에만 치중하는 경우, 일반 게임과 차별성을 갖기 힘들다. 따라서 에듀테인먼트의 필요조건은 '재미'이고, 충분조건은 '교육적 효과'인 셈이다. 교육과 오락의 균형조절이 에듀테인먼트 스토리텔링이 가장 먼저 고려해야 할 요소일 것이다.

> 표면적인 목표: 학습자(user)의 욕망과 연계된 목표
> ⇒재미
> 이면적인 목표: 콘텐츠를 통해 확보하고자 하는 목표
> ⇒교육

퀘스트 스토리텔링(Quest Storytelling)

기본적으로 교육과 재미라고 하는 두 가지 목표를 지향하는 에듀테인먼트 스토리텔링은, 따라서 그 스토리를 구성해

가는 '사건'의 형식도 조금은 특별하게 구성될 필요가 있다. 기존의 서사는 주인공의 삶의 균형을 급격하게 뒤흔들어 놓음으로써 독자나 관객에게 '앞으로 이야기가 어떻게 될까?' 하는 호기심을 유발할 만한 도발적인 사건이 필요하다. 에듀테인먼트 스토리텔링의 경우도 마찬가지여서 이와 같은 사건은 반드시 필요하다. 피학습자에게 어떤 교육적 지식이나 원리를 전달하기 위해서는 그들을 이야기로 끌어들이고 주목을 끌어야 하기 때문이다.

이때 문제되는 것 역시 에듀테인먼트 스토리텔링에서는 그 '도발적 사건'이 두 가지 의도를 가지고 있어야 된다는 점이다. 『로빈슨 크루소 따라잡기』의 주인공 노빈손이 무인도에 표류해서 가장 처음 먼저 곤란을 느끼게 된 문제는 '갈증'이다. 수돗물을 콸콸 틀어 마실 수 없는 무인도에서 당장 마실 물을 찾아야 하는 것은 디지털 게임에서 등장하는 일종의 '퀘스트'라고 할 수 있다. 대체로 디지털 게임에서 스토리가 발생하는 순간은 캐릭터 혹은 플레이어가 공간을 순조롭게 움직이고 있을 때가 아니다. 바로 이 점을 착각하기 쉬운데, 오히려 어떤 장애물에 의해 움직임을 저지당하는 순간 스토리가 발생한다.

사실 이와 같은 스토리의 발생은 소설이건 영화건 마찬가지다. 전통적인 선형적 스토리에서도 스토리의 몸체를 이루는 '사건'은 항상 주인공 앞에 주어진 장애물이 만들어 내는 '갈등'에서 비롯되기 때문이다. 춘향이 변학도라는 장애물을 만나서 '갈등'이 만들어질 때 『춘향전』의 스토리가 탄생한다. 그러나 그 장애물이 사라진 이후의 이야기는 '춘향과 이몽룡은 오래 오래 행복하게 살았다'는 한 문장으로 요약될 수 있다. 스토리가 만들어지지 않기 때문이다.

다만, 게임이나 에듀테인먼트 스토리텔링에서 '사건'을 만들어 내는 '갈등'은 주로 '외적 장애물'로 인해 구성된다는 점이 특징적이다. 소설이나 영화의 경우, 주인공 캐릭터의 내면에 존재하는 '내적 장애물'도 '갈등'을 만들어 낸다. 주인공의 내면 속에서 두 가지의 상반된 가치가 충돌할 때 핍진한 '갈등'이 만들어지는 경우도 자주 볼 수 있다. 그러나 에듀테인먼트 스토리텔링에서는 그 같은 내적 장애물에 의한 갈등은 '정보 혹은 교육적 지식'의 전달이라는 목표에 부합하기 어렵다. 따라서 고대의 영웅 서사에서 자주 활용되는 '외적 장애물'들을 사건을 만들어 내는 '갈등'의 요소로 배치하게 된다.

그런데 에듀테인먼트 스토리텔링에서 중요한 점은 이 '퀘스트'가 표면적 목표와 자연스럽게 연결되어야 한다는 것이다. 무인도에 도착한 주인공이 살아남기 위해서는 당연히 가장 먼저 마실 물을 찾아야 한다. 주인공 캐릭터에게 물이 없다는 것은 일종의 외적 장애로 간주되며, 그것이 갈등을 만들어 낸다. 그런데 당장 마실 물을 찾으라는 이 '퀘스트'는 무인도에서의 생존과 탈출이라는 목표와 전혀 어색하지 않게 연결된다. 이처럼 에듀테인먼트 스토리텔링의 '퀘스트'의 표면적인 의미는 스토리텔링 속의 캐릭터가 갖는 표면적인 목표와 연관시켜 그럴듯하다고 인지할 수 있는 성격이어야 한다.

많은 에듀테인먼트 콘텐츠들이 스토리텔링을 접목하면서 소홀히 하는 부분이 바로 이 '퀘스트', 즉 사건을 만들어 내는 측면이다. 전체적인 스토리에서 아무리 나름대로 흥미를 유발하고자 해도 정작 주인공 혹은 캐릭터가 마주치는 장애물, 즉 '퀘스트'에서 교육적인 의도가 생경하게 드러나게 되면 학습자는 곧바로 흥미를 잃게 된다.

게임에서의 퀘스트를 떠올려 보자. 퀘스트는 콘텐츠의 이용자가 수행해야 하는 일종의 임무로서 작은 퀘스트는 지역 상점 주인을 도와주거나 도시 주위의 크고 작은 문제점들을 해결하는 것이며, 좀 더 큰 규모의 퀘스트는 정치적인 배반이나 반란을 진압하는 형태일 수도 있다. 그런데 만약 그 퀘스트가 NPC(Non Player Character)를 동원해서 '지금 가고일 몇 마리가 농장을 짓밟고 있네. 그 못된 가고일을 처치해주게'(「길드워」)라는 식으로 과제를 부여하는 것이 아니라, '원기둥의 부피를 재라'는 식이면 그 순간 유저는 흥미를 잃을 것이다.

따라서 에듀테인먼트 콘텐츠에서 매우 중요한 역할을 담당하는 것이 일종의 퀘스트 스토리텔링이다. 교육적인 의도를 관철시키면서도 그 교육적 의도가 생경하게 드러나지 않는 '과제'를 부여하는 것, 이것이 바로 퀘스트 스토리텔링의 핵심이다. 추상적이고 객관적인 과제가 아니라 구체적이고 실제적인 과제를 설정하고 그것을 해결하게 만들어야 한다. 흥미를 위한 사건 유발, 장애물 제시라는 표면적인 목표와 지식 전달이라는 이면적인 목표를 성취할 수 있는 또 다른 관련성을 가져야 한다. 무인도에서 물을 얻을 수 있는 방법에는 바닷물을 증류하기, 습기가 많은 저지대의 땅을 파기, 식물 줄기가 포개진 곳에 고인 물을 찾기, 이도 아니면 관 모양의 식물 줄기를 자르기 등의 과학적인 지식과 연계되어 있다.

마찬가지로 수학에서 'T&F=F'(참인 문장과 거짓인 문장의 결합은 거짓이 된다)라는 명제를 에듀테인먼트 스토리텔링에 입각해서 '퀘스트'로 만들면 다음과 같다. '거대한 두 개의 문이 있다. 그 중 어느 한쪽은 천국문이고 다른 한쪽은 지옥문이다. 각각의 문 앞에는 두 명의 문지기가 있다. 어느 한쪽은 참말만 하고, 다른 한쪽은 거짓말만 한다. 누가 참말을 하는 문지기인지는 모른다. 그런데 주인공에게는 단 한번의 질문 기회가 있을 뿐이다. 어떻게 물어야 할까?' 이런 형태의 퀘스트로 지식을 가공하는 것, 이것이 에듀테인먼트에서 퀘스트를 풀어내는 스토리텔링이라 할 수 있다. 에듀테인먼트 스토리텔링에서 퀘스트는 자연스러운 형태로, 교육적인 의도를 은폐한 방식으로 제시해야 '흥미'를 손상시키지 않으면서 의도를 관철시킬 수 있는 것이다.

2005년도 e-러닝 콘테스트에서 교육인적 자원부장관상을 수상한 '푸른하늘 아이들 마당' 중 「과학마당」의 경우가 디지털 에듀테인먼트 콘텐츠에서 퀘스트 스토리텔링을 적절하게 활용한 좋은 예가 될 수 있다. 어드벤처 과학 에듀테인먼트 콘텐츠를 표방한 「과학마당」은 우주로 소풍을 떠난 코돌이들이

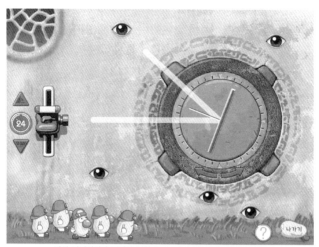

빛의 반사성질과 관련된 과학적 사실을 직관적으로 알게 해주는
푸른하늘 「과학마당」의 '눈부신 거울' 퀘스트.

길을 잘못 들어 외계인의 별에 불시착하게 되면서 겪는 에피소드가 내용이 된다. 어린 외계인들과 즐겁게 놀던 코돌이들은 점차 엄마 아빠가 그리워 고향으로 돌아가고 싶어 한다. 돌아갈 수 있는 방법은 옛날 고대의 우주인들이 만들어 놓은 '텔레포트'라는 공간이동기를 활용하면 된다. 그러나 이것을 이용하려면 온갖 장애물, 즉 학습 게임을 풀어내야 한다. 결국 코돌이들은 여러 장애를 극복하고 고향으로 돌아오게 된다.

이 콘텐츠의 학습 게임의 구성, 즉 퀘스트 스토리텔링은 매우 뛰어나다. 퀘스트 하나하나가 흥미를 전해주면서도 동시에 과학의 원리를 게임 도중에 조금씩 터득하게 되는, 전형적인 디지털 에듀테인먼트 스토리텔링이라고 할 수 있다. 가령 '눈

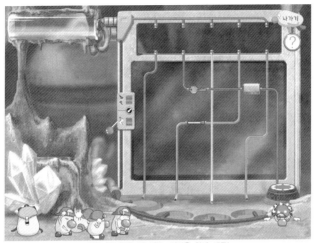

도체와 부도체를 구분하는 지식을 알게 해주는
'전기로 움직이는 텔레포트' 퀘스트

부신 거울'이라는 퀘스트 스토리텔링을 보자. 이 퀘스트에서 유저는 다음과 같은 표면적인 의미를 마주하게 된다. '코돌이들은 엄마가 보고 싶어 지구로 돌아가려 하지만 뒤죽이와 박죽이는 위험하다며 이를 말린다. 코돌이들은 거울을 이용해 무사히 눈동자 자물쇠를 열고 동굴 집을 벗어나게 된다. 탈출에 성공한 코돌이들 앞에는 광활한 바다가 펼쳐진다.' 외계의 행성을 탈출한다고 하는 표면적인 의도에 부합하는 퀘스트다.

그러나 여기에 감추어진 이면적인 의도는 빛의 반사라고 하는 교육적 주제다. 빛은 일정한 법칙에 따라 반사하는데, 유저들은 출입문을 감시하는 눈들에 빛을 쏘아 모든 눈이 감기면 밖으로 나가는 출입문이 열리게 되는 게임을 수행하면서,

빛의 반사 성질과 함께 빛이 반사될 때 입사각과 반사각이 동일하다는 과학적 사실을 직관적으로 알게 된다.

또 다른 예를 들어보면, 다섯 번째 퀘스트는 '전기로 움직이는 텔레포트' 학습 게임이다. 텔레포트의 전기가 끊어져 있고 그것을 연결해야 텔레포트가 움직인다(part I: 노라조 별). 여기에 의도된 학습 내용은 전기가 통하는 도체와 전기가 통하지 않는 부도체를 구분하는 지식의 전달이다.

푸른하늘의 「과학마당」은 이와 같은 퀘스트들이 난이도 순으로 배열되어 있어, 게이머들은 3개의 행성을 거치는 동안 15단계의 퀘스트들을 접할 수 있게 되어 있는데, 그 각각의 퀘스트가 에듀테인먼트의 성격에 맞게 표면적인 의미와 이면적인 의미가 잘 갖춰져 있다. 디지털 에듀테인먼트 스토리텔링에 있어서 퀘스트 스토리텔링의 대표적인 사례로 꼽을 만하다고 할 수 있을 것이다.

표면적인 과제: 캐릭터의 표면적인 목표와 연관시켜 그럴 듯하다고 인지할 수 있는 퀘스트
이면적인 과제: 학습자에게 교육적인 지식을 전달한다는 이면적인 목표와 관련된 퀘스트

캐릭터 및 아이템 스토리텔링

소설이나 영화와 같은 선조적인(linear) 이야기에서 인물의

중요성은 두말할 필요가 없다. 우리가 기억하는 매력적인 주인공들이 없는 이야기가 가능할까? 세르반테스가 창조해낸 '돈키호테'라는 인물, 빅토르 위고가 창조해낸 '장발장'이라는 인물들이 없는 이야기는 감히 상상할 수조차 없을 것이다. 그만큼 인물, 사건, 배경 중에서 인물의 비중이 크다.

이때 인물을 규정짓는 요소는 크게 인물 묘사와 성격으로 나뉜다. 인물 묘사란 등장인물을 자세히 들여다보면 알 수 있는 인간의 관찰 가능한 모든 측면들을 말한다. 즉, 어떤 사람의 일상생활을 세밀하게 관찰하고 기록한다고 했을 때 알 수 있는 인간성의 모든 측면들을 지칭하는 것이다. 이런 특성들의 집합을 인물 묘사라고 한다. 흔히 오해하는 것이 바로 이와 같은 인물 묘사를 성격으로 여기는 것이다.

그러나 인물 묘사는 성격과는 다르다. 진정한 성격은 인간이 어떤 압력에 직면해서 행하게 되는 선택을 통해 밝혀진다. 가령, 아주 급한 업무상의 약속으로 길을 가던 중에 곤경에 처한 할머니를 만나게 된다. 그 상황에서 인물이 할머니를 모른 척하고 냉정하게 약속 장소로 향한다면 그 인물의 성격이 어느 정도 드러나게 되는 것이다. 바로 이와 같은 인물의 성격이 기존의 선조적인 이야기에서는 매우 중요했다.

그런데 디지털 스토리텔링의 경우에는 이 성격의 중요도가 급격하게 낮아진다. 그도 그럴 것이 디지털 콘텐츠에서의 인물이란 유저의 에이전트(agent)가 되기 때문이다. 디지털 스토리텔링이 기존의 서사와 가장 큰 차이점을 보이는 것은 '상호작용성(interactivity)'이다. 소설이나 영화에서는 독자나 관객이 주인공의 움직임을 수동적으로 따라가며 그 주인공이 펼치는 사건을 즐기게 된다.

그러나 디지털 서사에서는 유저의 의지에 따라 콘텐츠 속의 캐릭터가 행동하게 된다. 물론 완벽하게 유저의 의지대로 캐릭터가 움직일 수 있는 것은 아니다. 콘텐츠 설계자가 정해 놓은 규칙과 공간 내에서 움직일 수 있다. 하지만 이때 사건을 일으키는 것은 캐릭터의 성격이라기보다는 그 캐릭터를 움직이는 유저의 조작이다. 콘텐츠를 활용하는 유저의 습성과 성격이 그 캐릭터의 습성과 성격으로 고스란히 반영되기 때문에 선조적인 스토리텔링에서 매우 중요하게 취급되던 성격의 창조는 배경스토리(前史) 정도에서나 다뤄질 뿐 그 중요도가 현저히 낮아지게 되는 것이다.

반면 디지털 스토리텔링에서 캐릭터의 경우, 더 중요한 것은 소설로 치면 인물 묘사에 해당하는 캐릭터의 외양과 아이템의 측면이다. 콘텐츠 내에서 유저의 분신이 될 캐릭터이기에 그 캐릭터의 외양이 매력적이어야 한다는 점은 이론의 여지가 없을 것이다. 대부분의 디지털 콘텐츠에서 유저들은 몇 종류의 캐릭터 중 하나를 선택하게 된다. 그러나 그 캐릭터의 외양이나 능력은 콘텐츠를 활용하는 과정에서 취득하는 아이템들에 의해 조금씩 달라진다. 이 별것 아닌 것처럼 보이는 아이템이 사실은 상당히 중요한 역할을 차지한다.

추억의 게임 「갤러그」를 기억한다면 이 아이템에 대한 고려가 디지털 콘텐츠에서 얼마나 중요한지를 이해할 수 있다. 화면 위에서 내려오는 우주선과 그 우주선이 쏘는 총알을 피하며 왜 그렇게 열심히 조이스틱과 총알 발사 버튼을 눌러댔던가. 그 단순하고 반복적인 게임을 몇 시간 동안 몰입해서 즐겼던 이유가 무엇일까?

기억을 조금 더 더듬어보자. 「갤러그」에 몰두했던 가장 기본적인 이유는 '승부'에 있지 않았을까? 물론 화면상의 아이콘을 조작하는 상호작용성 자체가 그 시절에는 놀라운 재미를 준 것이 사실이다. 하지만 그 재미를 지속시켜 게임에 푹 몰입할 수 있게 만들기 위해서는 몇 가지 부수적 장치가 필요하다. 유저의 욕망을 일정부분 자극해야 오랜 시간의 몰입이 가능하기 때문이다.

가장 일차적인 요소는 경쟁이다. 경쟁은 인간이 가진 승부욕을 자극하는 방식인데, 그것은 컴퓨터와의 대결에서 이기고 싶은 승부욕도 있고, 다른 친구들보다 높은 점수를 획득하고 싶은 승부욕도 있다. 이처럼 이기고 싶은 욕망을 수치로 보여주는 것이 바로 '점수'이고 그 점수 순위의 꼭대기에 나의 이니셜을 남기고 싶다는 욕망을 충족시켜주는 장치가 바로 '랭킹'이다. 이런 요소들이 우리를 그 단순한 게임에 몰입시켰던 것이다.

그렇다면 디지털 에듀테인먼트 스토리텔링에서도 이러한 아이템들을 고려할 필요가 있다. 앞에서 뛰어난 퀘스트 스토리텔링이 구사되어 있었다고 평가한 푸른하늘의 「과학마당」

의 경우, 캐릭터에 부차적으로 추가할 수 있는 아이템에 대한 고려는 비교적 미흡하지 않았나 하는 생각이 들 정도의 수준이다. 이는 수익성을 확보하는 비즈니스 모델의 부족과도 연결된다고 할 수 있다.

「과학마당」에서는 주인공 캐릭터인 코돌이에 대한 어떠한 부가적 변화도 가져 올 수 없게 되어 있다. 이는 게임을 지속하게 만드는 보상이 오직 레벨 상승 및 미션 완료 하나로만 주어지는 것을 의미한다. 비록 5세에서 초등학교 4학년까지를 대상으로 하는 콘텐츠이기는 하지만, 오로지 퀘스트 스토리텔링 만으로 피학습자들을 붙들기에는 한계가 있다. 점수를 통한 경쟁과 아이템을 통한 보상의 보완이 필수적으로 보인다.

디지털 에듀테인먼트 스토리텔링에서 캐릭터와 아이템의 측면을 살펴보려면 어린이용 온라인 네트워크 영어 게임 「영어공략왕」을 참조할 필요가 있다. 「영어공략왕」은 네트워크 대전형 게임 방식으로 영어 퀴즈를 풀면서 자연스럽게 학습하는 학습 게임이다. 초등학생이 대상이기 때문에 흥미를 끌 수 있는 캐릭터와 그래픽을 사용했고, 문제를 맞힐 때마다 사이버머니 '크레딧'으로 아이템을 구입할 수 있도록 하여 캐릭터를 예쁘게 꾸미거나 성장시킬 수 있게 했다. 그에 따라 캐릭터는 학습 능력, 즉 영어 퀴즈에 대한 정답률에 따라 견습생(가능성이 뛰어날 경우)부터 궁수(리스닝이 뛰어날 경우), 기사(리딩이 뛰어날 경우) 등을 거쳐 신(리딩, 리스닝, 어휘력 모두 뛰어날 경우)의 계급에까지 오를 수 있다. 이른바 '계급 성장 시스템'을 도입해 피학습자들의 몰입도를 더욱 높이고자 고려한 것이다.

아울러 영어 퀴즈 게임을 통해 얻은 크레딧으로 각종 장식 아이템을 구입하여 캐릭터를 예쁘게 꾸밀 수 있도록 했고, 랭킹제 역시 더욱 세분화해서 개인 랭킹뿐만 아니라 학교, 단체 랭킹을 도입하여 학교 간 경쟁시스템을 구축했다.

'온라인 액션 퀴즈 게임'을 표방하는 「젤리젤리」(www.jelly jelly.com)는 디지털 에듀테인먼트 콘텐츠들 중 아이템 스토리텔링에 있어서 매우 뛰어난 사례를 보여준다. 전체 배경 스토리나 퀘스트의 스토리텔링이라는 측면에서는 푸른하늘의 「과학마당」에 비해 상당히 단순하다. 그러나 「젤리젤리」는 유저들의 몰입도를 강화할 만한 다양한 피드백과 보상을 가능하게 하는 뛰어난 아이템 스토리텔링이 뒷받침되어 있다.

이 콘텐츠는 우선 1차적으로 여러 유저들 간의 경쟁이라고 하는 장치를 통해 재미를 유발하고 있다. 「과학마당」이 순차적인 레벨 상승으로만 유저들의 흥미를 유발하는 데 반해, 다

유저들의 몰입도를 강화할 만한 적절한 캐릭터 및 아이템 스토리텔링이 구사된 네오위즈의 「젤리젤리」.

른 유저들과의 경쟁이라는 요소를 도입하는 것은 유저의 몰입도를 더 높이는 역할을 한다.

「젤리젤리」의 주된 경쟁 요소인 퀴즈를 푸는 방식도 다양화되어 있다. 크게 스튜디오 퀴즈와 OX퀴즈, 격투 퀴즈로 분류되며, 스튜디오 퀴즈의 경우 타임 리미트를 걸거나 먼저 맞히면 다음 유저에게서 기회를 빼앗는 형태로 다양화했다. 또 5문제를 연속으로 맞추면 콤보가 발생하여 다른 유저들의 포인트를 빼앗아 올 수 있게 설정되어 있어 보다 더 흥미진진하게 게임에 몰입할 수 있는 환경이 조성되어 있다.

한편 「젤리젤리」는 유저들이 명랑만화풍의 코믹한 스타일의 3D 아바타를 선택할 수 있게 구성되어 있다. 다른 에듀테인먼트 콘텐츠와는 차별되게 10종의 얼굴 형태와 각 얼굴 당 16개의 표정 애니메이션이 지원되며, 헤어스타일은 헤어샵에서 구입이 가능하도록 되어 있다. 그리고 게임 중 획득한 포인트를 가지고 의상이나 액세서리를 구매하여 자신의 아바타를 꾸밀 수 있음은 물론이고 자신의 집까지 꾸밀 수 있도록 지원하고 있다.

또한 문제를 맞힐 때마다 아바타 캐릭터가 취하는 모션 자체를 등급화하여 상품화했다. 퀴즈 게임의 우승자에게는 세레모니 기회를 제공하여 자신의 아바타와 모션을 자랑할 수 있게 설정해 놓았다. 이는 아바타를 치장하는 데 필요한 아이템을 판매함과 동시에 아바타가 취하는 모션 역시 상품화할 수 있도록 설정된 것이다. 일정한 레벨 이상의 캐릭터만 취할 수 있는 모션 혹은 기능이라는 것은 이 역시 유저에게 빠른 피드백을 제공하면서 더욱 몰입할 수 있는 환경을 제공해 줄 뿐만 아니라, 수익성을 확보할 수 있는 비즈니스 모델이 된다는 점에서 훌륭한 아이디어라고 할 수 있다.

정리해 보면, 디지털 에듀테인먼트 스토리텔링에서는 소설의 경우 중요시 여겨지는 등장인물의 성격이 갖는 중요성은 매우 낮아진 반면, 외양 묘사에 해당하는 아이템의 설정을 통해 보다 빠르고 강력한 보상과 피드백을 부여하는 것이 중요하다. 따라서 기존 서사에서 외양 묘사에 해당하는 나이, 지능지수, 성별과 성적 경향, 말하는 스타일과 몸짓, 주거지, 자동차, 의상의 선택, 교육 정도와 직업, 개성과 예민함의 정도, 가치 체계와 태도 등의 거의 모든 측면들은 아이템 스토리텔링의 대상이 될 수 있다고 하겠다.

공간의 스토리텔링(Spatial Storytelling)

원래 소설이나 영화와 같은 선조적인 스토리텔링에서는 시간이 공간에 선행한다. 즉, 전통적인 스토리텔링은 사건을 시간적 순서에 따라 나열함으로써 이야기를 조직한다. 반면에 MMORPG 게임과 같은 디지털 스토리텔링에서는 공간이 시간에 선행한다. 앞에서 언급했듯이 유저들이 직접 스토리 속의 주인공이 되어 스스로 사건을 만들어가는 디지털 스토리텔링에서는 인물과 사건의 중요도가 감소하는 반면, 공간의 중요도가 훨씬 높아지게 되는 것이다. 한마디로 전통적인 스토리텔링이 이야기 요소들을 종적으로 결합시켜 시간의 축으로 이어놓는 것이라면 디지털 스토리텔링은 선택 가능한 이야기 요소들을 횡적으로 병렬시켜 공간의 축으로 이어놓은 것이다.

사실 소설이나 영화에서는 전체의 이야기 공간은 작가의 상상 세계에만 들어 있다. 반면 시간적 흐름은 독자나 관객들이 거의 동일하게 체험하게 된다. 그러나 디지털 스토리텔링에서는 전체 이야기 공간이 실재한다. 그 대신 그 시간적 체험은 스토리를 향유하는 유저들마다 제각각 다르게 체험된다. 따라서 디지털 스토리텔링에서는 이야기의 배경이 되는 허구적인 공간을 구축하는 것이 매우 중요한 작업이 된다.

그런데 이화여대 류철균 교수에 따르면 디지털 스토리텔링에서 구축된 모든 허구적 공간이 사용자들의 흥미와 참여를 끌어내는 것은 아니라고 한다. 그 공간에서 스토리가 발생할 수 있도록 서사잠재력을 가지고 있어야 한다는 것이다. 그리고 이 서사잠재력에 따라서 서구형 온라인 게임과 한국형 온라인 게임의 허구적 공간이 서로 다른 모습을 띤다고 한다.

즉, 서구형 온라인 게임은 개발자의 스토리텔링이 매우 중요시되어 허구적 공간 속에 여러 가지 미션과 퀘스트를 프로그래밍해 놓는 반면, 한국형 온라인 게임은 서구형의 온라인 게임에 비해 미션과 퀘스트의 독창성이 떨어지고 수적으로도 빈약하다. 그러나 한국의 온라인 게이머들이 게임을 또 다른 사회 현실로 파악하고 그 안에서 '살아가기' 때문에 온라인 게임 업체들은 세계적으로 유래가 없는 성공을 거둘 수 있었다. 한국의 온라인 게임에 있어서 허구적 공간의 설계가 얼마나 중요한지를 짐작하게 하는 대목이다.

디지털 에듀테인먼트 스토리텔링에서도 허구적 공간의 설계는 매우 중요하다. 앞에서 언급한 디지털 스토리텔링의 특징 때문이기도 하지만, 다른 한편으로 일상적인 체험은 가장 좋은 교육의 형태이기 때문이다. 예전에는 무엇인가를 만져보고 느끼는 체험이 교육의 한 방법으로 활용될 수 있었다. 그러나 급속도로 발전하는 우리의 문명은 원리를 깨우치고 차분히 그 용도에 대해 성찰할 만한 시간을 허용하지 않는다.

가령, 우리는 자동차가 어떻게 굴러가는지, 어떤 원리와 과학적인 지식이 활용되어 있는지를 전혀 모르는 채 자동차를 이용한다. 우리가 사용하는 전자제품이나 컴퓨터 등도 마찬가지다. 우리는 그 내부가 어떤 원리로 돌아가고 있는지를 전혀 알지 못하는 물건들을 아무렇지도 않게 사용하면서 살아가고 있는 것이다. 한스 노르베르트 볼츠가 '블랙박스'라고 명명한 이와 같은 기계뭉치들, 정보뭉치들을 일일이 실제적인 체험을 통해 깨닫는 것은 거의 불가능해졌다. 그러나 기술의 발달은 우리에게 배우고 익혀야 할 정보의 양만을 급증시킨 것만은 아니었다. 멀티미디어 기술을 총체적으로 구현할 수 있는 디지털 기술도 함께 가져왔기 때문이다. 그 때문에 우리는 가상 공간에서 마치 현실처럼 교육적 체험이 가능하게 되었다.

이미 기존의 오프라인 콘텐츠들은 독특한 체험이 가능한

공간을 설정해서 에듀테인먼트 스토리텔링에 접목시킨 바 있다. 가령 『신기한 스쿨버스』라는 초등학생용 과학도서의 경우, 일상생활에서는 개연성을 획득하기 어려운 여러 가지 시공간적 배경을 '신기한 스쿨버스'라는 장치를 통해 마련하고 있다. 스쿨버스는 필요에 따라 제트기로 변하기도 하고, 또 아주 작아져서 인체 속으로의 여행도 가능하게 만든다. 그 마법적인 장치를 통해 우주 공간이나 사람의 뱃속, 그리고 지구의 오지 구석구석이 모두 체험 가능한 공간이 된다. 감정을 이입할 수 있는 주인공들이 교육의 대상이 현존하는 그 공간으로 가서, 체험을 통해 지식과 정보를 깨닫는 형태인 것이다. 일상에서는 개연성을 인정받기 어려운 여러 가지 상황들을 개연성 있는 상황이 되도록 만드는 대표적인 장치라고 할 수 있다.

또 다른 책 『마법의 시간여행』시리즈 역시 독특한 서사적 장치를 통해 체험이 일어나는 허구적 공간을 책 속의 내용으로 설정하고 있다. 주인공들은 우연히 숲에서 가장 키가 큰 나무 꼭대기의 오두막집을 발견하게 된다. 그런데 그 안에는 수많은 책이 쌓여 있고, 그 중 어떤 책을 펼치고 그 내용을 경험하고 싶다고 말하면 실제 그 책의 내용 속으로 빨려 들어가 환상적인 여행을 떠나게 된다. 주인공들이 직접 중세시대, 공룡시대 등 현실적으로는 체험하기 힘든 공간으로 모험을 떠나게 되는 구조다.

앞의 두 책의 경우를 보면, 에듀테인먼트 스토리텔링에서 허구적인 공간의 설정이 매우 중요함을 알 수 있다. 그런데 그 허구적인 공간의 설정은 재미있는 사건이 발생할 수 있는 공간이기도 해야 할뿐더러 교육적인 체험이 가능한 공간이어야 한다. 그런데 오프라인의 에듀테인먼트 스토리텔링의 경우, 그 교육적인 체험은 독자들의 머릿속에서 이루어지게 된다. 독자가 책의 스토리를 따라가며 실제로는 체험하기 힘든 현장을 상상하고 가상으로 체험하게 되는 것이다. 또한 그 허구적 공간은 '마법의 스쿨버스'라는 장치와 책을 열고 소원을 말하면 그 시대로 가게 된다는 장치를 인정해야 독자들에게 수긍될 수 있는 세계다. 그렇기 때문에 그 대상은 미취학 아동이나 초등학생 등 낮은 연령 계층으로 한정된다.

그런데 디지털 에듀테인먼트 콘텐츠의 경우는, 그 체험하기 힘든 공간을 우리들이 체험할 수 있게 영상적으로 구현할 수 있다. 그 가장 좋은 예가 1993년 스티븐 스필버그 감독의 「주라기 공원」이다. 영화 속에 소개된 정보가 모두 정확하다는 전제만 있다면 6천5백만 년 전의 공룡들이 마치 살아 움직이는 듯한 모습으로 스크린 속을 뛰어다니는 이 영화만큼 공룡에 대한 체험적 지식을 우리에게 전해주는 콘텐츠도 없을 것이다. 디지털 에듀테인먼트 스토리텔링에서는 이처럼 우리가 머릿속에서 상상할 수만 있었던 공간을 현실보다 더 현실적인 모습으로 체험할 수 있게 구축하는 것이 필요하다.

아직까지 자본의 규모 등의 한계로 인해 허구적 공간 구조가 제대로 마련된 디지털 에듀테인먼트 콘텐츠를 찾아보기는 힘들다. 그러나 많은 온라인 엔터테인먼트 게임 업체들은 디지털 공간의 교육적 효과를 감지하고, 자신들의 콘텐츠에 일부 반영하고 있다.

가령, 경제 온라인 게임을 표방하는「거상」의 경우 에듀테인먼트 콘텐츠라고 규정지을 수는 없지만, 그 허구적 공간 구조에는 역사와 경제라는 측면에서 교육적 요소가 상당부분 포함되어 있다.「거상」의 무대가 되는 지역은 16세기 동북아시아의 지리적 역사적 현실에 근거하여 제작되었기 때문에 유저들은 게임을 통해 동북아시아 각국의 주요 도시들과 그 위치를 습득할 수 있다. 또한「거상」내 각 나라별 지명, 장신구, 토산품, 의복 등도 실제의 그것과 상당히 유사하게 제작되어 있다. 아울러 거상 게임을 하다보면 기본적인 경제 원리를 습득할 수 있는 효과가 있다.

또 CJ인터넷이 서비스하는「대항해시대 온라인」은 바다를 무대로 한 신개념의 MMORPG 게임으로 16세기를 배경으로 전 세계를 오가며 상업, 무역 등을 벌이는 모험, 교역 게임이

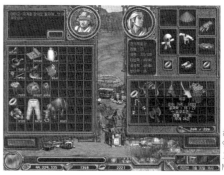

허구적 공간 구성에
역사와 경제라는
교육적인 요소를 접목시킨
MMORPG 게임「거상」.

다. 그 동안 전투 위주의 기존 게임과 소재를 차별화하면서 역사적 고증을 거쳐 16세기 전 세계의 지리, 역사적 정보를 다양하게 구현했기 때문에 세계사 지식을 게임 속에서 비교적 쉽게 배울 수 있다. 또 각지의 특산물을 사고파는 과정에서 시장 논리와 경제 개념을 자연스럽게 이해할 수도 있다. 유럽, 아프리카 등 전 세계 각지를 항해하며 신항로를 개척하는 과정에서 세계 지리를 파악할 수 있는 부수적인 효과도 얻을 수 있다.

엔도어즈의「군주 온라인」은 조선시대를 배경으로 한 정치, 경제 RPG 게임이다.「해님 달님」「단군 신화」등 우리나라의 설화나 신화를 바탕으로 조선시대의 정치와 경제 활동을 접목한 게임으로 그 교육성을 인정받아 유명 대학에서 교재로 채택되기도 했다. 게임에 등장하는 지형과 지명은 조선시대의 이름을 그대로 따왔다. 당시의 주요 정치 제도를 게임 속에 구현해 한 서버의 수장인 군주는 조선시대의 6조인 예조·공조·형조·이조·호조·병조와 함께 군주 세계를 다스려가는 정치 활동을 하게 된다. 지형과 지명, 의복, 건축 양식 등도 역사적 사실을 바탕으로 세밀하게 디자인했기 때문에 게임을 하면서 당시 선조들의 삶을 자연스레 체험할 수 있다.

위자드 소프트가 개발한「천년의 신화 2」는 고구려, 백제, 신라의 삼국시대를 배경으로 한 전략시뮬레이션 게임이다. 이 게임에선 고구려의 연개소문, 백제의 계백, 신라의 김유신 등 실존했던 삼국의 영웅이 등장해 전투를 벌이기 때문에 유저들은 이와 관련된 역사적 지식을 얻을 수 있다.

이처럼 게임의 장르가 다양해지면서 게임 시나리오에 더 많은 유익한 정보와 지식을 담을 수 있고, 그것이 추세가 되어 가고 있다. 현재까지는 각 게임 업체들이 게임은 청소년들에게 해롭다는 인식을 불식시키고자 하는 마케팅적 요소로 에듀테인먼트적 요소를 도입하고는 있지만, 게임의 교육적 요소는 앞으로 각 게임의 경쟁력을 좌우하는 요건으로 비중이 점점 높아져 갈 것이다. MMORPG 게임의 경우, 본격적인 에듀테인먼트 콘텐츠를 지향하기는 어렵더라도 에듀테인먼트적 공간 구성을 적극적으로 고려해 볼 필요가 있다. 디지털 게임에 드리워진 부정적인 인식을 걷어내는 좋은 계기가 될 수도 있기 때문이다.

디지털 에듀테인먼트의 상호작용성

디지털 스토리텔링이 기존 스토리텔링과 가장 확연하게 차이가 나는 특징은 아마도 상호작용성일 것이다. 영화나 책, 애니메이션 등의 경우, 수용자는 말 그대로 창작자가 제시한 내용을 받아들일 뿐 그 스토리텔링에 직접 참여하는 경우는 거의 없었다.

그러나 디지털 기술이 발달하면서 상호작용성은 디지털 콘텐츠의 가장 독특한 특징이 되었다. 사실 현재 많은 온라인 게임의 스토리들은 누가 봐도 지루한 퀘스트와 전투 중심의 말초적인 에피소드를 갖고 있으며, 중세 기사류의 복장과 북구 신화를 기반으로 한 뻔한 이야기들로 이루어져 있지만, 바로 유저들이 참여하여 그들끼리 이야기를 만들어 가는 그 상호작용성이라는 특징 때문에 끊임없이 유저들의 참여를 이끌어 내고 있는 것이다.

디지털 공간에 구현된 에듀테인먼트 콘텐츠가 가질 수 있는 장점도 바로 이 상호작용성에 있다. 따라서 이 상호작용성이 에듀테인먼트의 목적에 부합하려면 일단 상호작용성의 층위를 구분하고 이해해야 한다.

상호작용성의 범주를 나눠보면 다음과 같은 기준에 의해 총 4가지로 구분될 수 있다.

게임 내 플레이어의 위치 기준
1) 내적 상호작용성(internal interactivity): 플레이어가 콘텐츠의 허구적 세계 내에서 자신을 구성원으로 인식하는 경우.
2) 외적 상호작용성(external interactivity): 플레이어가 스스로를 콘텐츠의 허구적 세계를 통괄하며 조직하는 신의 역할로 간주하는 경우.

플레이어와 스토리의 영향 관계
1) 탐험적 상호작용성(exploratory interactivity): 플레이어가 수행한 상호작용의 행동이 스토리 전체의 거시적 플롯과 진행 방향에 영향을 주지 않는 경우.
2) 존재론적 상호작용성(ontological interactivity): 플레이어의 선택과 수행한 행위들에 따라 플롯과 스토리가

달라지는 경우.

조합된 4가지 상호작용성
1) 외적·탐험적 상호작용성: 가장 대표적인 경우가 하이
   퍼텍스트 소설의 경우. 플레이어는 스스로가 스토리의
   구성원으로 인식하지 않으면서 이런저런 선택을 하지
   만 전체적인 플롯은 바뀌지 않는다. 가장 몰입도가 낮
   은 형태의 상호작용성.
2) 내적·탐험적 상호작용성: 콘솔형 RPG 게임이 여기에
   해당한다.「파이널 판타지」「마그나 카르타」등 인기
   게임이 있다.
3) 외적·존재론적 상호작용성: 플레이어가 신격의 위치에
   서 스토리를 좌우한다.「심즈」「심시티」같은 경우가
   이에 해당한다.
4) 내적·존재론적 상호작용성: 대부분 MMORPG 게임이
   이에 해당한다.

  기존의 디지털 에듀테인먼트 콘텐츠들은 대체로 오프라인
의 단순한 게임들을 디지털화하는 정도의 상호작용성만이 고
려되어 왔다. 바둑이나 고스톱, 장기, 포커 등 현실의 판 위에
서 벌어지는 오락거리를 인터넷 환경에 맞게 디지털화한 게임
들처럼 신문, 잡지 등에서 쉽게 접하고 가볍게 즐길 수 있는
크로스워드 퍼즐이나 퀴즈 등의 오프라인 학습 게임들을 디지
털화한 보드게임 정도에 그치는 경향이 많았다. 꽤 많은 유저

들을 거느리고 있는 ELS에듀의 「토익넷」이나 「영어공략왕」, 넷마블의 「쿵야열전」 같은 게임들 역시 그와 같은 단순한 게임의 디지털화에 머물고 있으며, 스토리텔링의 개입은 배경이야기(전사) 정도에 그치고 있다. 배경이야기는 이용자가 그 이야기에 관여하게 되는 출발점이자 이용자의 상호작용 행위에 의미를 부여해 주는 장치이지만, 실제 유저의 상호작용 행위가 단순한 조작에 그칠 경우, 그 효과는 반감되기 마련이다.

넷마블에서 제작하여 EBS에 공급하고 있는 「쿵야열전」의 경우, 그 배경이야기는 나름대로 짜임새가 있고 다양하고 박진감 넘치는 대전성이 강화된 형태로 구성되어 있으며, 애완야채 캐릭터를 키워 나가는 육성형 아이템과 순위제를 도입해 게임의 흥미를 높이고 있지만, 그 상호작용 행위는 단순한 십자말풀이에 그칠 수밖에 없다.

앞에서 소개한 푸른하늘의 「과학마당」 정도가 보드게임의 형태를 벗어나 비교적 한 단계 높은 상호작용성을 활용하고 있는 것으로 보인다. 탐험식 과학학습 프로그램을 지향하는 이 콘텐츠는 집을 떠나 험난한 여정을 거쳐 다시 집으로 돌아온다는 전형적인 탐험담을 줄거리로 하고 있다. 우주여행을 떠났다가 블랙홀에 빨려들어 '노라조별', '와죠별', '떠나죠별'을 차례로 거치며 3단계 15가지 퀘스트를 해결하면 다시 지구로 돌아올 수 있다는 스토리이다. 이 경우, 플레이어가 퀘스트를 풀기 위해 수행한 행위들이 전체 스토리의 전개에는 영향을 끼치지 않는다. 따라서 탐험적 상호작용성에 해당한다.

그런데 문제는 플레이어가 콘텐츠의 허구적 세계 속에서 자신을 구성원으로 인식하느냐 신격으로 인식하느냐이다. 이 콘텐츠의 경우에는 바로 그 점이 애매하게 처리되어 있다. 「과학마당」의 경우는 온라인 게임들 가운데 어드벤처 게임과 유사하다. 그런데 탐험, 수수께끼 풀기 등의 스토리에 주인공으로 참여하는 어드벤처 게임의 경우, 유저가 몇 가지 캐릭터 중에서 마음에 드는 하나를 고르고 게임 내에서 주어지는 아이템을 통해 그 캐릭터를 치장하고 레벨이 상승할 때마다 얻어지는 능력치를 통해 스스로를 게임 내의 캐릭터와 동일시한다. 앞선 분류에 따르면 '내적·탐험적 상호작용성'이 적용되는 것이 바람직한 경우다.

그러나 「과학마당」의 경우, '외적·탐험적 상호작용성'과 '내적·탐험적 상호작용성'의 중간쯤으로 분류될 수 있다. 주인공 코돌이들은 단일 주인공도 아닐 뿐더러 게임이 진행되면서 변화의 요소가 거의 없고, 또 귀여운 캐릭터이기는 하지만 유저가 자신을 캐릭터와 동일시할 만한 매력적인 요소가 눈에 띄지 않기 때문이다. 상호작용성에 대한 아쉬움이 남는 부분이다.

외적·존재론적 상호작용성은 에듀테인먼트 콘텐츠에서 주목할 만한 측면이다. 온라인 게임의 경우, 「스타크래프트」나 「심시티」 같은 시뮬레이션 게임이 외적·존재론적 상호작용성이 적용된 형태라고 할 수 있는데 특수한 상황의 가상공간을 창출하고 현실과 유사한 시뮬레이션 경험을 하도록 유도하는 게임이다. 군에서는 전투기 조종 시뮬레이션이나 가상 전쟁

프로그램 등을 통해 교육에 적극적으로 활용하는 형태로 진행되고 있다. 이런 경우는 특정한 기술의 습득에 유용한 상호작용성이라고 할 수 있다.

아직 디지털 에듀테인먼트 콘텐츠의 시장성이 검증되지 않은 상황에서 내적·존재론적 상호작용성이 적용된 본격적인 MMORPG 게임 형태의 에듀테인먼트 콘텐츠를 접할 수는 없는 상황이다. 그러나 조이온의「거상」은 그와 같은 형태에 가장 근접한 경우라고 할 수 있어서 주목할 만하다. 경제 온라인 게임을 표방하는「거상」은 게임의 공간을 구성할 때부터 역사적인 요소를 고려했다. 거상의 필드는 16세기 조선, 일본, 명나라 등 동북아시아의 지리적 역사성에 근거하여 제작되었다. 따라서 유저는 실제의 동북아시아 지리, 가령 일본의 교토, 도쿠시마, 나가노, 후쿠오카, 중국의 난징, 허페이 등 각국의 주요 도시들의 위치를 쉽고 빠르게 습득할 수 있다. 또한 게임 내의 여러 가지 아이템을 참고문헌과 자료를 바탕으로 사실에 근접하게 표현하여 교육적인 측면을 강화했다. 게다가 게임 자체가 상거래를 기반으로 하고 있기에 자연스러운 시장경제의 법칙과 경제 원리를 터득할 수 있는 교육적 효과가 있다.

이와 같은 측면 때문에「거상」은 2003년 중앙대학교 경영학과 2학기 수업교재로 이용될 만큼 교육적 측면을 인정받았다. 또 PC 게임을 폭력적이고 비교육적인 문화상품으로 보는 사회 일반의 부정적 인식을 긍정적인 방향으로 돌릴 수 있는 가능성도 인정받았다. 게임의 엔터테인먼트적인 요소에 학습적 요소를 믹스할 경우 그 학습효과와 집중도가 매우 높을 수 있다는 사고의 전환점을 「거상」에서 확인할 수 있기 때문이다. 한국의 온라인 게임 유저들에게 가장 친숙하고 인기 있는 게임의 유형이 MMORPG 게임임을 고려할 때, 디지털 에듀테인먼트 콘텐츠가 지향해야 할 하나의 형태라고 할 수 있을 것이다.

고전을 활용한 디지털 에듀테인먼트 스토리텔링

상상력의 보고인 고전에서 무엇을 찾을 것인가:
서로 다른 두 가지 스토리텔링

모든 이야기 예술의 창작은 '만약에 ……이라면'이라는 상황의 가정에서 시작된다고 한다. 스타니 슬라브스키가 '매직이프(Magic If)'라고 명명한 이 창작의 발상법에서 거의 모든 극적 상황들이 탄생한다. 멜 깁슨이 주연했던 영화 「왓 위민원트 *What women want*」는 '만약 내 귀에 여자들의 속마음이 들린다면?'이라는 가정에서 출발한 영화다. 또 『로빈슨 크루소』는 '만약 내가 무인도에 고립된다면?'이라는 가정에서 만들어진 유명한 소설이다. 비교적 최근 등장한 게임은 어떨까?

「파이널 판타지 10」은 '만약 내가 실존 인물이 아니고 다른 사람의 꿈이 만들어낸 가짜 존재라면?'이라는 가정에서 출발한다.

게임과 같은 디지털 서사물이 본격적으로 등장하기 전까지 대부분 이와 같은 극적인 발상은 이후 필연성을 증대시키는 선조적인 시간의 스토리텔링으로 진행되었다. 그러나 디지털 기술의 엄청난 발전은 이야기를 향유하는 독자들이 직접 이야기에 참여할 수 있는 여러 장치들을 개발하게 되었고, 그에 따라 디지털 공간에서 서사물을 향유하는 독자들은 이야기에 적극적으로 개입하는 유저로 진화하게 되었다.

디지털 콘텐츠에서는 기술이 발전함에 따라 유저와 스토리 혹은 매체가 서로 상호작용할 수 있는 여지가 커지면서, 이야기의 극적 상황에서 스토리가 시간적으로 형성되는 것이 아니라 공간을 중심으로 비선형적·우연적으로 진행할 수 있게 되었다. 따라서 앞서 말한 '매직 이프'는 '상황의 가정'에서 '장소의 가정'으로, 즉 사건의 상상력에서 장소의 상상력으로 그 중심축이 옮아간다. 좀 더 자세히 말하면 '만약 내가 이러이러한 상황에 처한다면'이 아니라 '만약 내가 이러이러한 (가상의) 공간에 놓인다면'이라는 가정이 될 것이다. 온라인 속의 MMORPG 게임이 상호작용성을 극대화한, 공간의 스토리텔링의 대표적인 경우일 것이다.

앞의 내용을 정리하면, 현재 우리 시대에 중요시되는 스토리텔링의 기술은 크게 구분해 볼 때 선조적인 스토리텔링과 비선조적인(non-linear) 스토리텔링으로 나뉜다. 물론 이 두 가지 스토리텔링 기법이 아주 명료하게 나누어지는 것은 아니다. 선조적 스토리텔링에서도 상호작용성이 개입할 수 있고, 비선조적인 스토리텔링에서도 인과관계에 따른 선조성이 개입될 여지가 많다. 그러나 어느 쪽이 더 강조되느냐에 따라 크게 구분해볼 수는 있을 것이다.

편의상 소설, 영화 등 수동적인 향유 방식에 따르는 이야기를 선조적인 스토리텔링으로, 게임, 특히 MMORPG 게임처럼 능동적인 향유 방식에 따르는 이야기를 비선조적 스토리텔링으로 구분하여 논의를 전개하도록 하겠다. 이렇게 거칠게 나눠서 살펴보면 21세기 디지털 콘텐츠가 수천 년 동안 내려온 고전과 어떻게 접속해서 무엇을 활용하고 배워야 하는가가 명확해질 것이다.

고전에서 인물과 사건을 차용하라: 선조적 스토리텔링의 경우

우리가 잘 아는 영화「매트릭스」를 잠시 떠올려 보자. 수많은 평자들과 호사가들뿐 아니라 철학자들까지 나서서 조명했기 때문에, 이 영화가 인류의 영원한 고전인『성서』와 깊은 연관을 갖고 있다는 사실은 너무도 잘 알려져 있다. 그것은 단지 주인공의 이름인 네오(Neo)의 스펠을 재조합하면 구세주를 일컫는 말(One)이 된다거나 반란군이 타고 다니는 잠수정이 '느부갓네살'이라는『성서』속 이민족의 왕 이름이라고 하는

인류의 영원한 고전 『성서』의 모티브를 차용한 영화 「매트릭스」.

명명상의 유사성 때문만은 아니다.

「매트릭스」가 『성서』라는 고전에서 차용해 온 것은 전체적인 이야기의 여러 요소들이다. 플롯의 유사성과 캐릭터(인물)의 유사성이 그 대표적인 요소다. 실제로 영화 「매트릭스」는 『성서』에 나오는 여러 가지 상황적 모티브를 그대로 차용하고 있다. 가룟 유다가 예수를 은전 몇 닢에 팔아치우는 모티브는 영화에서 사이퍼가 스미스 요원에게 스테이크를 대접받고 네오를 팔아넘기는 장면의 밑그림이다. 또 영화 속에서 중요한 역할을 하는 모피어스와 트리니티라는 인물에는 『성서』 속의 '세례 요한'과 '막달라 마리아'의 이미지가 겹쳐진다. 그리고 가장 중요한 모티브, 즉 예수의 부활 모티브가 영화 속에서 네오의 부활로 그대로 재현된다.

이처럼 영화 「매트릭스」의 경우, 주인공이 처하는 상황과 등장하는 인물 등은 보편적인 고전 『성서』 속의 주요 내용을 그대로 차용하고 있다. 그 대신 이야기의 3요소인 인물, 사건, 배경 중 변하지 않는 부분인 인물과 사건 외의 시공간적 배경이 천양지차로 바뀐다. 그 결과 태어난 '선글라스에 가죽옷을 걸친 예수'가 탄생하게 된다. 바로 이런 것이 선조적 스토리텔링에서 고전을 재활용하는 방식이다.

박찬욱 감독을 대한민국의 명장 중에 명장으로 등극시켰던 영화 「올드보이」 역시 고전에 크게 빚지고 있다. '누군가에 의해 감옥에 갇히고, 복수를 준비한 후 자신을 파멸시킨 자들에게 응징을 가한다'는 저 유명한 『몽테크리스토 백작』의 모티브는 여기서 잠시 접어두자. 더 근원적으로 이 영화가 영향을 받은 고전은 그리스 희곡의 대표작이라 할 수 있는 소포클레스의 「오이디푸스 왕」이다.

'영문을 알 수 없는 불행 앞에서 그 불행의 원인을 찾아 복수할 마음을 먹는 인물이 진실을 파헤친다. 알고 보니 그 불행의 출발은 자기 자신이었다. 자신이 행한 금기의 위반, 즉 근친상간으로 인해 불행이 찾아왔고, 그 결과 스스로를 징벌한다'는 이야기 구조는 영화 「올드보이」에 고스란히 차용된다. 다만 그 시공간적 배경이 고대 그리스에서 현대의 대한민국으로 바뀌었을 뿐이다.

한편 제임스 카메론의 영화 「타이타닉」에 오면 고전의 차용은 더욱 명확해진다. 앞서 언급한 상황의 '매직 이프'의 형태로 말해보면 '만약 타이타닉 호에 로미오와 줄리엣이 승선했더라면?'이라고 고쳐 말할 수 있는 것이 이 영화가 가지고 있는 극적 발상이다. 따라서 서사의 전개 방식은 고스란히 로미오와 줄리엣을 따라간다. 사건 상황의 차용, 그것이 고전의 현대적 변용이다. 여러 가지 갈등 상황을 고전에서 빌려오는 것이다.

가장 직접적인 형태가 영화 「스캔들」과 같은 '각색'의 형태다. 프랑스의 19세기 소설인 쇼데르로스 드 라클로(Pierre Choderlos de Laclos)의 소설 「위험한 관계」에서 인물과 사건은 그대로 두고, 소설의 시공간적 배경만을 달리한 것이 영화 「스캔들」인 것이다.

이처럼 선조적인 스토리텔링에서는 끊임없이 고전의 상황 모티브와 인물 유형을 차용한다. 왜 그럴까? 그것은 당연하다. 시대와 장소는 바뀌어도 인간이 당면하게 되는 갈등적 상황과 인물의 몇 가지 성격 유형은 항상 보편적이기 때문이다. 그 보편적 주제들이 끊임없이 사람들의 마음을 움직이고 흡입력을 발휘하기에 많은 콘텐츠들이 고전의 상상력에 주목하고 끊임없이 차용하는 것이다.

어찌 보면 마치 하늘 아래 새로운 멜로디는 이미 다 나와 있다고 여겨질 만큼 다양한 음악이 넘쳐흐르는 이 시대에 많은 가수들이 예전의 히트넘버들을 나름의 스타일로 재탄생시키듯, 현대의 선조적인 스토리텔링을 취한 콘텐츠들은 고전 속의 상황과 인물이 가진 보편성 위에 현대적인 외양을 덧씌워 재탄생한 것이다.

고전에서 공간을 차용하라: 비선조적 스토리텔링의 경우

그렇다면 이제 잠시 우리의 유년 시절로 돌아가 보자. TV

외화 「육백만 불의 사나이」나 「슈퍼맨」과 같은 영화를 보고 나서 동네 아이들이 모여 그 영화나 외화를 공동으로 상상하며 놀이를 시작한다. 그 순간 목에 두른 빨간 보자기는 슈퍼맨의 망토가 되고, 입으로 내는 '뚜뚜뚜뚜' 하는 소리만으로 놀이에 참여한 아이는 천리 밖을 내다보는 육백만 불의 사나이가 된다.

그런 영화나 외화가 없었던 시절이라 하여 놀이의 양상이 달랐을까. 공동의 상상만으로 전쟁놀이를 하는 아이들은 서로의 손에 들린 나뭇가지를 총이라고 상상하고, 지천에 널려 있는 솔방울을 수류탄이라 가정한다. 아주 단순한 원리상으로 보자면 인터렉티비티가 개입된 우연성의 서사, 즉 한국이 자랑하는 「리니지」와 같은 온라인 게임의 스토리텔링은 그런 가상공간의 놀이가 멀티미디어 기술로 정교하게 구현된 것이라고 볼 수 있다. 이 경우 중요한 것은 어떤 사건들이 벌어졌는가, 어떤 인물들이 어떤 독특한 성격을 구현하고 있는가가 아니다.

일반적으로 온라인 게임의 경우 극적 상황은 그 게임에 참여한 수만 명의 유저들이 만들어 간다. 처음에는 레벨을 올리려는 단순 반복 플레이의 지루함을 이겨 내려고 온갖 채팅 수다를 떨어댈 것이다. 또 게임 상에서 저희들끼리 만나 장사도 하고 동지가 되기도 하며, 주종관계가 되기도 할 것이다. 또 함께 힘을 합쳐 커다란 성을 탈환하기도 할 것이다. 그들끼리 그 사이에 나누는 채팅 대화 역시도 나름대로 하나의 재미있는 이야기를 이룬다. 이런 마당에 몇몇 개의 모티브들이 그 다양하면서도 랜덤하고, 너무나도 우발적인 유저들의 이야기 속에 끼어들 틈이 없다.

그렇다면 캐릭터의 경우는 어떨까? 게임에서 유저들이 사용하는 캐릭터와 영화나 소설과 같은 선조적인 스토리텔링에서의 캐릭터를 동일하게 생각해서는 안 된다. 오히려 게임에서의 캐릭터는 유저와 동일시해야 한다. 무슨 말인고 하면, 선조적인 스토리에서 캐릭터란 그 자체로 살아 있는 존재다. 그 나름의 독특한 성격이 있고, 그 캐릭터의 운명은 작가가 정한다. 독자의 역할은 그 캐릭터에 스스로의 감정을 이입시키는 정도로 아주 수동적일 뿐이다.

그러나 게임에서의 캐릭터란 유저의 분신이다. 거의 모든 캐릭터가 아이템만 다를 뿐 외양은 대개 일정하다. 하지만 외양의 유사성과는 달리 모든 캐릭터는 게임 안에서 유일하다. 수많은 마법사 캐릭터들이 돌아다녀도 그 행동방식이나 사고방식이 동일한 캐릭터는 하나도 없다. 수천수만의 유저에 따라 그만큼의 행동방식이 유발된다. 유저가 곧 캐릭터인 셈이다. 게임 회사에서 제공하는 종족은 그저 매우 실감나게 만들어진 아바타에 지나지 않는다. 예쁘게 만들어진 바둑돌이라고 할 수 있지 않을까.

그렇다면 상황(사건)과 인물(캐릭터)을 고전에서 빌려온다는 것은 거의 무의미하다. 사건은 유저들이 서로 부딪치면서 만들어 가는 것이고 인물은 각각의 유저들에 다름 아니기 때문이다. 중요한 것은 앞에서도 언급했듯 공동의 상상 공간, 바로 허구적 공간 구조가 필요한 것이다. 앞에 언급한 선조적인 스토리텔링의 경우와는 달리 인물, 사건, 배경 이 세 가지 스토리의 요소 중에서 '배경'의 역할이 비선조적 스토리텔링에서 더욱 중요해진다. 따라서 고전에서 차용해 올 수 있는 상상력은 이 경우 '허구적 공간', 즉 '배경'이고 등장인물들이 활용하는 여러 가지 아이템들이다. 허구적 공간이 어떠하냐에 따라 활용하는 아이템이 달라진다는 것이다.

대한민국에서 가장 널리 읽힌 고전 중의 고전 『삼국지』가 게임으로 변형될 때 어떤 모습을 띠는가를 잠시 일별하기만 해도 이를 확인할 수 있다. 우리는 일본 코에이 사에서 출시된 게임 「삼국지」 시리즈에서 자신이 패배할 줄 알면서도 출사표를 올리고 전장으로 향하는 제갈량의 모습이나 주군을 찾아 5개의 관문을 통과하며 6명의 장수를 베는 관우의 의리 있는 모습을 찾아보기는 힘들다. 비록 삼국지에 등장하는 여러 장수들을 캐릭터로 설정할 수는 있지만, 그 인물들은 결국 유저의 취향이 만들어 내는 인물들일 뿐, 실제로 『삼국지연의』의 내용과 부합하지 않는다.

또 게임 속에서 벌어지는 상황도 유저의 선택과 의지에 따라 바뀌게 된다. 결국 게임 「삼국지」를 원래의 고전 『삼국지』와 연결해 주는 실마리는 게임이 벌어지는 무대가 『삼국지』의 시대적·공간적 배경이라는 점과 게임 내에서 활용되는 아이템이나 목표 같은 것이 『삼국지』에 기반하고 있다는 점일 뿐이다.

원작과 최대한 밀접하게 연관을 두려고 하는 경우에는 유저들의 자율도, 즉 인터렉티비티를 제한할 수밖에 없다. 게다가 그렇게 놀이적 요소를 제한한다 하더라도 원전의 모티브와 인물을 그대로 살릴 수는 없다.

　위와 같은 이유로 게임과 같은 비선조적 스토리텔링에서 고전을 차용할 때는 '배경', 즉 공간이 고전과의 연관성 면에서 훨씬 큰 비중을 차지한다. 왜냐하면 비선조적인 스토리텔링에서는 공간이 시간에 선행하기 때문이다. 원래 전통적인 선조적 스토리텔링에서는 '사건'의 구성이 중요했지만, 비선조적 스토리텔링에서는 놀이를 펼칠 수 있는 상상의 무대, 그것의 설정이 더 중요해진다. '배경'이 더욱 중요한 스토리텔링, 그것이 바로 게임의 스토리텔링이다.

　J.R.R. 톨킨의 『반지의 제왕』이 인류의 이야기 예술사를 바꿔 놓으면서 대부분 MMORPG 게임의 밑그림으로 자리하게 된 까닭은 그가 만들어낸 사건들과 인물들 때문이라기보다,

『삼국지』 원작에서 시대적 공간적 배경과 아이템, 목표 등을 차용한 게임 「삼국지」.

그가 고안해낸 허구적 배경 공간 때문인 것이다.

'이야기의 원형' 혹은 '또 다른 현실'을 찾아서

지금까지 살펴본 스토리텔링의 유형과 그에 따른 고전의 차용 문제를 정리해 보면 다음과 같다. 디지털 콘텐츠의 제작 시 활용 가능한 스토리텔링의 방식은 크게 선조적인 스토리텔링과 비선조적인 스토리텔링, 이렇게 두 가지이다. 전자의 경우는 전통적인 스토리텔링의 서사적 원리가 그대로 작동한다. 따라서 고전의 상상력을 차용할 경우, 주로 '이야기의 원형'이나 핵심적인 모티브들이 주된 대상이 된다.

반면 비선조적인 스토리텔링의 경우는 '이야기의 원형'보다는 또 다른 현실, 즉 허구적인 공간 구조가 그 주된 차용의 대상이 된다. 그 이유는 비선조적 스토리텔링이 활용되는 디지털 콘텐츠(그 대표적인 경우가 한국이 자랑하는 온라인 게임의 강자 MMORPG 게임이다)는 대체로 최소한의 규칙 하에서 벌어지는 놀이에 가깝기 때문이다.

비선조적인 스토리텔링에서는 사용자와 프로그램, 혹은 사용자와 사용자가 계속적으로 상호작용을 하면서 서사 구조를 계속해서 선택·변형하기 때문에, 가령 영화 「올드보이」처럼 근친상간 모티브와 같은 특정한 이야기의 원형을 미리 상정하기 힘들다. 이는 원래 컴퓨터 게임 자체가 갖고 있는 '서사성'과 '놀이성'의 길항관계 때문이다.

컴퓨터 게임은 과연 이야기일까 놀이일까. 많은 게임들이 스토리의 전사(prehistory)에 해당하는 내용과 같은 서사적 이야기들을 갖추고 있다. 그러나 정작 게이머들이 몰입하게 되는 부분은 게임 텍스트를 반복적으로 체험함으로써 게임 텍스트에 내재한 일련의 규칙을 발견하고 학습하고 조작하고 시험할 때이다. 원래 놀이하는 사람들은 놀이의 규칙 속에서 스스로 흐름을 만들어 나간다. 그러나 전통적인 서사 양식에서는 독자가 서사의 흐름을 바꾸거나 선택할 수 없다. 이처럼 이야기로서의 특성과 놀이로서의 특성이 게임의 독특한 장르적 성격을 만들게 된다.

현재까지의 상황에서는 디지털 게임에서 영화나 애니메이션과 같이 사건의 흐름을 시간적으로 풀어 가는 시간적 흐름보다는 허구적인 공간 구조의 작성이 더욱 중요한 요소로 부각된다. 앞에서는 '배경' 혹은 공간으로 말했지만, 보다 자세히 말하면 지도나 아이템, 유닛 등 유저가 작동하는 에이전트(분신)를 둘러싼 제반 환경 전체가 '허구적 공간 구조'가 된다. 현재 한국에서 개발되어 가장 큰 호응을 받고 있는 MMORPG 게임들은 큰 틀을 제외하고는 거의 모든 서사적 흐름이 사용자들의 상호작용으로 만들어지고 있다.

따라서 게임 기획 과정 중 시나리오 작성 단계에서는 더더욱 허구적 공간 구조의 구성이 중요한 측면으로 부각된다. 고전의 풍부한 상상력에서 놀이의 무대가 될 만한 '허구적 공간 구조', 또 하나의 세계를 찾아내어 놀이의 무대를 고안하는 것이 선조적 스토리텔링과는 다른 방식으로 고전을 받아들이는 형태가 될 것이다.

실제적으로 특정한 디지털 콘텐츠를 제작한다고 했을 때, 그 콘텐츠가 어떤 방식의 스토리텔링에 기반하고 있는가를 파악하는 일은 매우 중요하다고 판단된다. 영화나 애니메이션과 같이 수용자들이 수동적인 방식으로 그 콘텐츠를 파악하게 되는지, 아니면 대규모의 유저들을 동원하는 온라인 게임의 경우처럼 수용자들이 능동적으로 스토리를 만들어 가는 형태가 될 것인지를 구분하고, 실제로 필요한 부분에 역량을 집중시켜야 할 것이다. 고전의 요소들을 차용하고 재활용하는 부분도 어떤 유형의 스토리텔링에 기반하고 있느냐에 따라 달라지듯이 말이다.

신비에 둘러싸인 보물찾기 이야기의 즐거움

　엄청난 부를 지니고 유럽 전역에 막강한 영향력을 행사
했던 템플 기사단은 교황과 프랑스 왕의 명령에 의해 1370
년 해체되어 사라진 것으로 기록되어 있다. 그런데 그 템플
기사단이 십자군 원정 당시 획득한 그리스도의 성배를 포함
한 엄청난 양의 보물이, 미국 건국 초기 신비의 비밀조직 프
리메이슨에 의해 미국으로 비밀리에 옮겨졌다.

　얼마 전 개봉된 니콜라스 케이지 주연, 제리 브룩하이머 제
작의 「내셔널 트래져」의 기본적인 아이디어다. 우리는 늘 무
엇인가 신비한 '보물'을 찾아 '모험'을 떠나는 이야기를 즐겨
위한다. 약간의 홍분과 기대감을 가지고 다음 일과 그 다음 일

을 지켜보게 된다. 특히 그 '보물'이 해적들이 숨겨 놓은 막대한 금화 같은 단순한 것이 아니라 전설과 신비, 비밀로 둘러싸여 있는 경우라면 우리의 지적 호기심은 더더욱 맹렬하게 타오르고, 그에 따라 우리는 이야기 속으로 빨려들어 간다.

우리가 자주 접하는 할리우드 영화에서도 이런 이야기 형식은 즐겨 활용되는 편이다. 해리슨 포드 주연의 「인디아나 존스」는 더 이상 설명이 필요 없는 보물찾기의 대명사가 되었고, 또 섹시하면서도 강인한 여전사 안젤리나 졸리를 위한 영화 「툼 레이더」도 보물찾기 모티브를 가지고 있다. 그리고 앞에 언급한 최근에 개봉된 「내셔널 트래져」까지.

이 영화들은 각각 신비에 둘러싸인 '보물'을 찾아 나서는 '모험' 이야기들이다. 이런 형태의 이야기를 편의상 '보물찾기 스토리텔링'이라 이름 붙여 보도록 하자. 이 '보물찾기' 이야기의 가장 흔하고 널리 알려져 있는 형태는 아마도 우리 귀에 자주 들려왔던 '성배'의 전통일 것이다.

보물찾기 스토리텔링의 원조, '성배'찾기

'성배'는 서구 사회에서 가장 큰 관심을 끄는 '보물'이다. 1165년에서 1190년까지 활동한 작가 크리티앵의 소설 『페르스발—성배 이야기』에서 처음 아더 왕 이야기 속으로 들어온 '성배'는 이후 다양하게 설명되고 신비화되었다. 또 여러 이야기에서 소재로 활용되어 왔다.

성배는 여러 가지 모습으로 각각 다르게 나타났다고 전해진다. 어떤 사람들은 성배에 제례의 의미가 담겨 있다고 하기도 하고, 당시에 귀했던 양초와 관련이 있다는 주장을 펴기도 한다. 하지만 어떤 주장도 성배를 정확하게 설명하지는 못한다. 혹자는 가장 중요한 '성스러운 기사'인 갤러헤드만이 성배의 '궁극적인 비밀'을 볼 수 있었지만, 그가 죽어 버려서 성배의 비밀은 영원히 전설 속에 묻혀 버렸다고도 전한다.

하지만 대부분의 서구인들은 성배가 예수와 관련된 컵이나 잔으로 알고 있다. 이 같은 믿음은 『아더왕의 죽음』을 쓴 토마스 말로리와 같은 작가들에 의해 대중화되었다고 한다. 그에 따르면 성배는 최후의 만찬 때 예수가 자신의 피를 상징한 포도주를 마실 때 사용했던 잔이자, 예수가 십자가에 매달렸을 때 예수의 피를 받았던 잔이라고 한다. 그것을 아리마태아의 요셉이 유럽으로 들고 건너 왔다는 것이다.

그 성배를 소유하면 치료와 재생의 능력이 생기고, 신과 의사소통할 수 있는 능력, 불사의 능력, 자신이 필요한 무엇인가를 부를 수 있는 능력이 생긴다고 한다. 반면에 성배가 특정한 물건이 아니라 왕가의 혈통, 즉 예수의 친족을 의미한다는 설도 있고, 현자의 돌이라고 말하는 사람도 있다. 이런 여러 가지 전설이나 이야기가 전하는 성배의 신비는 말로 표현하기도, 글로 쓸 수도 없는 종류의 것으로 남게 되었다.

성배에 얽힌 이야기를 종합해 보면 '성배'는 '신비하고 비밀스러우며, 찾기 위해서는 대단한 노력을 기울여야 하는 무엇'이다. 이는 '중심이 비어 있는 기호'라고 할 수 있다. 수많은 전설과 이야기가 들러붙을 수 있고, 영원히 새롭게 가공될 수 있는 소지가 많은 보물인 것이다. 또 중심이 비어 있기 때문에 다양한 '변주'가 가능한 소재라고 할 수 있다.

그 변용의 대표적인 사례가 2004년도에 전 세계적으로 열풍을 불러일으킨 『다빈치 코드』이다.

『다빈치 코드』의 새로운 '성배' 해석과 팩션의 스토리텔링

2004년 한해 서점가에서는 팩트(fact)와 픽션(fiction)을 결합한 형태의 소설을 일컫는 '팩션(Faction)' 열풍이 불었다. 그 열풍의 중심에는 역시 소설계의 빅뱅, 댄 브라운의 『다빈치 코드』가 있다. 2004년을 통틀어서 한국에서 유일하게 100만 권이 넘게 판매된 책이라는 『다빈치 코드』는 '역사적 사실과 소설적 허구를 뒤섞는 기법'으로 쓰였다는 사실 때문에 더더욱 주목을 받았다. 소설의 침체와 문학의 위기를 빠져나올 하나의 선례처럼 비쳐졌기 때문이다. 그와 유사한 형식의 『단테 클럽』역시 많은 독자를 모은 것을 보면, 팩션이라는 방식이 현대의 독자들과 궁합이 맞는 것인지도 모르겠다.

사실 팩션으로 분류될 수 있는 소설의 출현은 꽤 오래 전일이다. 팩션의 원조격에 해당하는 작품은 숀 코너리 주연의 영화로도 만들어진 움베르토 에코의 『장미의 이름』이다. 그리고 우리나라에서는 10여 년 전에 이인화의 『영원한 제국』이

에듀테인먼트적 요소를 갖춘 팩션(faction) 열풍을 몰고온 댄 브라운의 밀리언셀러 소설 『다빈치 코드』.

역사적 사실과 허구를 뒤섞은 팩션의 방식으로 베스트셀러에 오른 적이 있다.

『다빈치 코드』는 레오나르도 다빈치를 비롯한 여러 예술가들의 미술품에 대한 지식, 기호학과 종교의 뒷이야기들에 대한 해박한 지식이 잘 녹아 있는 작품으로 여러 계층의 독자들에게 폭넓은 사랑을 받았다. 게다가 이 작품의 사건 전개는 마치 할리우드 영화들만큼이나 빠른 속도감을 자랑한다. 플롯의 형태로 보면 '모험' 플롯에 해당하는, 사건 전개의 스릴과 서스펜스를 불러오는 이야기 장치는 『다빈치 코드』의 지적인 측면에서 오는 지루함을 상쇄시켜 주었다고 할 수 있을 것이다. 마치 할리우드에서 제리 부룩하이머 사단이 주무기로 하는 플롯 구성을 연상하면 된다. 숨 막히는 장면과 장면이 관객들에게 잠깐 동안의 쉴 틈도 허용하지 않고 연쇄적으로 벌어지는 스토리 구조 말이다.

한편 '중세의 기독교'나 '기호의 해독', '정통 교단과 이단', '금단의 지식' 등에 대한 수수께끼와 그것을 풀어 가는 과정은 지적인 미스터리 플롯의 형태를 띤다. 이 부분은 우리가 주목할 필요가 있다. 『다빈치 코드』의 가장 큰 장점이라고 할 만한 부분이 바로 이 부분이다. 교양과 지식의 전달이 스토리의 전개와 겉돌지 않는다는 것이다.

이처럼 '모험'과 '수수께끼'라는 두 가지 플롯 장치를 가진 『다빈치 코드』는 당연히 '보물찾기 스토리텔링'의 전형적인 형태를 띠게 된다. 특히 『다빈치 코드』는 보물찾기 스토리의 대표적인 소재인 '성배'를 소재로 끌어들이는 한편, 그 성배에 대한 새로운 해석을 통해 독자들의 지적 호기심을 엄청나게 자극했다는 점이 특이하다.

기존의 '성배'에 관한 이야기에서는 성배를 대부분 사물로 해석했다. 예를 들어 예수가 최후의 만찬에서 포도주를 마셨던 잔이나 예수의 피를 담았던 성스러운 잔으로 보는 견해가 그것이다. 그러나 『다빈치 코드』의 성배 해석은 그와 같은 기존의 학설들에 정면으로 도전하는 내용이다.

즉, 예수가 막달레나 마리아와 결혼을 했으며 예수가 죽은 후 막달레나 마리아가 프랑스로 도망쳐 예수의 아이를 낳았다는 것, 교회는 이 사실을 감추기 위해 관련 문서들을 찾아 없애려 했다는 것 등의 이야기를 소재로 사건을 전개한 것이다. 이와 같은 성배에 대한 급진적인 해석이 독자들에게 새로운 지식의 즐거움을 제공했고 독자들의 지적 호기심을 불러일으키는 데 성공한 것으로 보인다.

단, 『다빈치 코드』가 베스트셀러가 된 후 문제가 된, 사실과 허구의 경계가 불분명하다는 점은 수정될 필요가 있다. 에듀테인먼트 스토리텔링의 경우는 사실과 허구의 경계를 적시해줄 필요가 있는 것이다. 그럼에도 불구하고 이처럼 '지식과 모험'을 함께 제공하는 보물찾기 유형의 스토리텔링은 에듀테인먼트 스토리텔링에 아주 적합한 모델로 기능할 수 있는 것처럼 보인다.

대화를 통해 전달되는 자연스런 정보

우선 먼저 간단한 장치부터 살펴보기로 하자. '보물찾기'류의 스토리텔링에서 주인공의 설정은 정보 전달 방식과 밀접한 관련을 가지고 있다. 대개의 보물찾기에서는 2명 이상이 짝을 지어 모험에 빠져드는 경우가 많다.

여러 가지 다른 요소들이 작용했겠지만, 두 파트너가 비슷한 지적 역량을 지니고 있어, 과제를 풀어가는 동안 전문적인 지식들을 서로 교류한다는 점은 매우 공통된 양상이다. 특히 '보물찾기'의 성격이 단순한 모험이 아니라 매우 복잡한 수수께끼를 해결해야 하는 미스터리 플롯이 복합되어 있는 경우는 특히 더 그렇다. 댄 브라운의 『다빈치 코드』와 그의 또 다른 작품 『천사와 악마』의 주인공 로버트 랭던은 늘 또 다른 한 명의 여성주인공과 짝이 되어 움직인다.

왜 보물찾기 스토리텔링에서는 2명의 주인공이 설정될까? 그것은 정보 전달의 편의를 위한 수단이라고 할 수 있다. 2명의 주인공이 서로 주거나 받는 말 속에 미스터리를 풀 수 있는 단서에 관한 전문적인 지식이 매우 쉽고 평이하게 드러나게 되기 때문이다. 이들 사이의 대화가 곧 정보가 독자(관객, 유저)에게 전달되는 간접적인 방식이다. 그들의 자연스런 대화를 통해 독자는 아무런 저항감 없이 단서와 연관된 비교적 전문적인 지식들을 쉽고 빠르게 전달받아 주인공과 공유하게 된다.

이와 같은 포맷은 주인공 간의 자연스런 대화 형식이 정보를 전달·공유하게 되는 수단이 된다는 점에서 에듀테인먼트 스토리텔링이나 인포테인먼트 스토리텔링에 있어서 꽤 유용한 장치가 될 수 있다.

모험 플롯의 특성: 박진감과 복제 가능성

이제 본격적으로 보물찾기 스토리텔링의 이야기 구조로 들어가 보자. '보물찾기' 스토리텔링에서 가장 큰 비중을 차지하는 축이 바로 모험 플롯이다. 모험이란 '위험을 무릅쓰고 어떤 일을 하는 것'을 뜻한다. 그래서 모험은 영웅들의 몫이고 우리는 난관을 헤쳐 가는 그 모습을 보며 마음 설레어 한다.

그런데 어떤 이야기들은 주인공들이 우발적인 사건 때문에 모험에 나서기도 한다. 이런 경우 독자들은 자신과 별반 다를 것이 없는 보통 사람에게 훨씬 쉽게 자신을 동일시하게 된다. 『다빈치 코드』의 주인공 로버트 랭던도 어떤 의미에서는 영웅이 아닌 보통 사람 주인공에 가깝다. 그래서 초인적인 능력을 갖춘 영웅 이야기보다 더 현실감이 있고 박진감이 넘친다.

앞에서 간략하게 언급한 성배 이야기의 기본적인 플롯은 이렇다. 예수가 최후의 만찬에서 사용했다는 성배를 아리마태아의 요셉이 영국으로 가져온다. 그런데 그가 죽고 난 후, 성배의 행방은 알 수 없게 된다. 퍼시벌, 갤러해드, 가웨인, 랜슬럿 등의 원탁의 기사들이 그 성배를 찾아 모험을 떠난다.

이와 같은 설정은 계속해서 반복되어 사용된다. 스티븐 스필버그의 「인디아나 존스」시리즈에서는 미국의 고고학자 존스 박사가 회귀한 고고학적 유물들을 찾아 세계 각지를 돌아다니며 모험을 하는 이야기이다. 1편 「레이더스」에서는 모세의 십계명이 들어있는 성궤를 찾는 모험을 그렸고, 「인디아나 존스 2」는 인도의 한 마을에서 잃어버린 신성한 마법의 돌을 찾는 모험이야기이다. 마지막 3편 「최후의 성전」에서는 원탁의 기사들이 찾아다녔던 '성배'를 찾기 위해 모험을 떠난다.

이와 같은 모험 플롯의 이야기는 비교적 그 구성이 단순하다. 그래서 복제가능성이 높다. 즉, 모험 플롯을 가진 이야기들의 이야기 구조는 거의 유사하다. 다만 찾아야 하는 보물과 그것을 뒤쫓는 캐릭터의 디테일이 바뀔 뿐이다. 한때 「인디아나 존스」시리즈가 흥행에 성공했을 때 홍콩에서는 성룡이 제2차 세계대전 말 독일 정부가 중동의 사막에 숨겨둔 250만 톤의 황금을 찾아가는 이야기인 「용형호제 2」(1990)가 제작되었고, 그로부터 6년 후에는 홍콩 스타 이연걸이 삼라만상의 비밀을 담고 있는 경전인 『무자진경』을 찾아간다는 이야기 줄기를 가진 「모험왕」(1996)이 제작되었다. 그러나 관객들 모두 그 영화들이 「인디아나 존스」와 너무도 유사하다는 점을 포착할 수 있을 만큼, 홍콩에서 제작된 두 작품과 「인디아나 존스」의 이야기 구조는 비슷하다. 이후에 나온 「툼 레이더」나 「내셔널 트래져」의 경우도 보물을 찾는 주인공, 보물, 경쟁자, 이 3요소로 구성되는 이야기 구조에서 크게 벗어나지 않는다.

그렇기 때문에 모험 플롯의 이야기는 인터렉티브 매체의 각본에 활용되기 쉽다. 인터렉티브가 강조되는 디지털 매체, 특히 게임의 각본은 스토리와 플레이가 모든 레벨에서 서로 영향을 주고받는다. 즉, 사용자의 플레이가 전체적인 스토리 진행에 많은 영향을 준다는 것이다. 따라서 전통적인 선형 스토리텔링과는 많이 다르다. 게임에서 스토리는 게임 플레이어의 액션으로 맵핑되며, 스토리텔링 작업은 일종의 설정을 구축하는 작업이 된다. 따라서 캐릭터 위주의 각본은 상대적으로 어렵다는 것이다.

말하자면 인물 중심의 스토리텔링은 힘들다는 말이다. 게임

'성배찾기'의 스토리를 현대적으로 차용한 스티브 스필버그의 「인디아나 존스」.

캐릭터의 내면이 강렬할 경우, 게이머가 자리할 공간은 없다. 오히려 MMORPG 게임을 비롯해서 어드벤처 게임의 캐릭터 에서 선택하기 좋은 캐릭터는 '중심이 비어 있는 가제트'로서 의 캐릭터, 즉 내면이 휘발되어 있는 캐릭터여야 한다.

전통적인 선형 스토리텔링에서는 성격이 강한 인물이 사건 이나 상황을 창출했다면, MMORPG를 비롯한 게임 및 디지털 매체에서는 주인공이 처해 있는 상황 자체가 성격을 창출하는 뒤바뀐 역전구조를 갖게 된다. 게임 등의 디지털 스토리텔링 에서 중요한 것은 장소, 공간, 디테일 중심의 스토리텔링이다. 햄릿과 같은 개성 강한 주인공 캐릭터가 설 곳이 그리 많지 않아 보인다.

이런 관점에서 보면 모험 플롯의 이야기는 그와 같은 공간, 디테일 중심의 스토리텔링에 적합하다. 인물 중심의 스토리텔 링이 아닌 디테일 중심의 장소, 공간 중심의 스토리텔링이 된 다. 디테일들의 변화, 즉 '성배' 대신 찾을 만한 보물을 '성궤' 나 마법의 돌, 템플 기사단의 엄청난 보물 등으로 바꾸고 그에 대한 유래, 전설 등을 조직하고, 그 보물을 찾을 인물의 디테 일과 배경 등을 조직하는 것이 캐릭터의 성격화를 위해 투자 하는 것보다 더 중요한 분야가 바로 모험 이야기인 것이다.

『다빈치 코드』의 로버트 랭던 역시 마찬가지다. 이 이야기 는 '로버트 랭던'이라는 주인공으로 인해 만들어지는 이야기 가 아니다. 로버트 랭던의 캐릭터는 소설을 다 읽고 나면 그다 지 기억나지 않는다. 대신 그 주인공이 풀었던 놀라운 과제나 그가 설명한 여러 가지 지식과 세부 디테일들, 그런 것들이 머릿속에 남는다. 이 말은 결국 모험 플롯의 경우에는 게임과 마찬가지로 시공간적 상황이 주인공의 성격을 창출해 내는 역전 구조를 갖고 있다는 뜻이다. 그러기에 가장 인터렉티브 매체에 적합한 형태의 이야기 구조라고 할 수 있을 것이다.

모험 플롯의 또 다른 특징은 다른 여러 이야기 유형들이 접목될 수 있다는 점이다. 도망과 추적 이야기, 희생자에 얽힌 이야기, 투쟁의 이야기 등이 모험 플롯에 결합될 수 있다. 진귀한 물건이나 보물, 고고학적 유물을 찾기 위해 원정을 떠나는 이야기들에는 자연스럽게 흥미를 보강할 수 있는 또 다른 형태의 이야기 유형들이 파생·확장되게 된다. 조르즈 폴티는 『36가지의 극적상황』에서 '모험적인 원정' 이야기의 경우 모험의 모티브나 대상, 장애물의 성질 등에 따라 여러 다른 플롯들과 연결될 수 있기에 모험 플롯의 유형을 일일이 열거할 수 없을 정도라고 말하고 있다. 이 역시 확장성이 큰 디지털 매체와 결합되기 쉬운 증식성이라고 할 수 있을 것이다.

미스터리 플롯의 특성: 지적 몰입

고대 그리스 신화의 헤라클레스, 테세우스, 페르세우스 등의 모험은 주로 그 영웅들의 힘과 용기, 그리고 지혜에 기대고 있다. 미궁 라비린토스 안에 있는 미노타우로스를 처치한 테세우스는 미노스 왕의 딸 아리아드네가 알려준 방법대로 실패의 실을 풀면서 미궁으로 들어갔기에, 미노타우로스를 해치우고도 미궁 밖으로 무사히 빠져나올 수 있었다. 한편 금빛 양의 모피를 구하러 떠난 이아손 역시도 그를 사랑하는 공주의 도움으로 무사히 난제를 해결한다.

주인공의 지혜의 역할이 조금 더 강조된 경우가 페르세우스의 경우다. 괴물 고르곤 자매의 막내인 메두사의 목을 베어 올 것을 명령받은 페르세우스는 메두사의 얼굴을 보지 않고도 그에게 접근하기 위해(메두사를 보는 자는 그 자리에서 돌이 된다) 잘 닦은 방패로 메두사를 비추어 보면서 접근하여 괴물의 목을 베는 데 성공한다.

이와 같은 영웅들의 모험 이야기들은 현대에 와서도 여러 가지 형태로 변형되어 끊임없이 되풀이 되는데, 최근 등장한 소설 『다빈치 코드』 『천사와 악마』와 영화 「내셔널 트래져」 등에는 모험 플롯에 미스터리 플롯이 결합되어 있는 양상을 보인다.

원래 미스터리, 즉 수수께끼는 근본적으로 '놀이'이자 '유희'이다. 그러면서도 하나의 게임이기도 하다. 수수께끼 풀이의 연원은 저 고대 그리스의 오이디푸스 이야기까지 거슬러 올라간다. 그리스의 테베라는 나라에는 오가는 사람들에게 수수께끼를 내는 스핑크스라는 괴물이 있었는데, 그 괴물은 지나가는 사람들에게 '아침에는 네 다리로, 낮에는 두 다리로, 밤에는 세 다리로 걷는 짐승이 무엇인가'라는 수수께끼를 낸다. 그리고 풀지 못하는 사람을 잡아먹었다고 한다. 오이디푸스가 그 괴물 스핑크스를 만나 '사람'이라는 정답을 맞히자 스핑크스는 물 속에 몸을 던져 죽었다고 한다.

이와 같은 수수께끼 이야기는 아주 오래전부터 사람들에게 사랑받아 왔고, 동화나 전설 등에 자주 등장했다. 물론 이 경우, 수수께끼는 무척 단순하고 어린 시절 놀이처럼 유아적이다. 그러나 한편으로 현대의 소설이나 영화에서는 이 미스터리 장르가 자주 차용되며 가장 많이 사랑받고 있는 플롯의 형태임이 틀림없다.

왜 그럴까? 미스터리를 바탕으로 짜여진 이야기만큼 독자나 관객을 흡입하는 것이 드물기 때문이다. 이 경우에는 특히 '수용자', 즉 독자나 관객의 비중이 큰 것이 특징이다. 보통 미스터리 플롯에서는 주인공인 '탐구자'가 있고, 그 반대편에 '질문자'가 있다. 그리고 그가 내는 문제가 있다. 그러나 정작 독자들은 마치 자신이 그 문제를 해결하는 사람이 된 듯한 환각에 빠질 정도로 그 문제에 호기심을 가지고 '몰입'하게 된다고 한다.

앞에서 언급한 '몰입'과 '몰입 활동'의 정의(칙센트미하이가 내린 정의. 28쪽 참조)에 따르면 미스터리의 해결도 '몰입활동'에 해당한다. 풀어야 할 명확한 목표가 있기에 우리가 몰입할 가능성이 더 커지기 때문이다. 게다가 피드백의 효과도 빨리 나타나기에 몰입하기 더없이 좋은 대상이다. 따라서 이제 미스터리 플롯의 성패는 얼마나 성공적으로 독자나 관객을 끌어들여 수수께끼 풀이에 열중하게 만드는가에 있다. 당연히 몇 가지 규칙이 따를 수밖에 없다.

첫째, 수수께끼를 푸는 열쇠인 단서들은 처음부터 제공되어야 한다. 또한 그것이 결정적이고 너무 뚜렷하게 드러나서는 독자나 관객의 호기심을 자극할 수 없다. 단서는 당연히 다의적이어야 한다. 『다빈치 코드』에서 처음 주어진 단서는

13-3-2-21-1-1-8-5

오, 드라코 같은 악마여!(O, Draconian devil!)

오, 불구의 성인이여!(Oh, lame saint!)

이다. 루브르 박물관장이 죽으면서 마룻바닥에 휘갈겨 써놓은 단서다. 이 단서는 주인공 랭던이 루브르 박물관에 도착할 때부터 독자들에게 제시된 단서다. 그럼에도 결정적이거나 뚜렷한 단서로 보이지 않는다.

둘째, 아주 쉽지만 중요한 원칙으로 단서들은 평범한 곳에 숨겨 놓아야 한다. 앞에서 예를 든 단서는 말 그 자체가 암호인 경우로, 어디 찾기 힘든 곳에 숨어 있는 것이 아니다. 특히 가장 윗줄의 숫자가 결정적인 단서가 된다.

셋째, 관객이나 독자를 주인공과 경쟁하도록 만들어야 한다. 관객이나 독자들은 주인공과 자신을 동일시하면서도 주인공 '탐구자'보다 '먼저' 문제를 해결하고자 하는 욕망을 갖기 때문이다. 앞에서 언급한 단서는 처음 단서가 제시된 순간부터 꽤 오랜 시간이 지나서 주인공이 해결하게 된다. 독자가 그

단서의 해독을 위해 시간을 가질 수 있도록 시간의 여유를 준 셈이다. 1부 중반부에 와서야 맨 첫줄의 숫자가 피보나치의 수열이고, 밑의 두 줄은 각각 '레오나르도 다빈치'와 '모나리자'의 애너그램(anagram)임이 밝혀진다.

넷째, 수수께끼의 단계는 점차적으로 난이도가 높아져야 한다. 수수께끼의 난이도가 높으면 높을수록, 질문자의 능력이 탐구자의 해결에 따라 배가 될 때, 헤쳐 나가야 하는 장애물이 점점 어려워질수록 관객이나 독자는 몰입해 갈 수밖에 없다. 이 역시 미하이 칙센트미하이 박사의 '몰입이론'에 비추어보아도 자명한 결론이다. '몰입'의 특성상 수수께끼를 푸는 단계, 즉 미스터리의 난이도는 점점 독자나 관객이 어렵다고 느껴지는 쪽으로, 그래서 '몰입'을 경험할 수 있게 조절되어야 한다.

모험의 플롯과 미스터리 플롯의 퓨전: 보물찾기 스토리텔링

지금까지 살펴본 것을 정리해 보면 현대적인 보물찾기 스토리텔링은 모험의 플롯과 미스터리 플롯의 퓨전 형태인 것을 알 수 있다. 보통 이런 종류의 이야기는 전문적인 지식을 갖춘 주인공이 특정한 사건에 휘말리면서 특정한 보물을 찾게 된다. 여기서 이야기는 두 갈래로 갈라진다.

그 하나는 보물을 찾아가기 위해 주어지는 단서를 푸는 미스터리 플롯이다. 때때로 주어지는 수수께끼 같은 단서들을,

주인공은 고도의 지적 작업을 통해 풀어나가게 되고, 독자나 관객은 그 주인공과 동일시하면서 수수께끼 퍼즐을 함께 풀어나가게 된다. 단서가 풀리면 바로 다음 모험의 단계로 이동하게 된다.

반면에 보물을 찾아가는 동안에 겪게 되는 모험 플롯이 있다. 대부분 현대 모험 플롯의 양상은 『로빈슨 크루소』나 『걸리버 여행기』처럼 무인도에 표류하거나 특이한 경험을 중시하기보다는 '경쟁'의 요소를 도입해 보다 박진감을 꾀한다. 즉, 동일한 보물을 두고 주인공과 그에 반대되는 세력 간의 경쟁이 이루어지게 된다. 그리고 그에 따라 도망-추적의 이야기, 재앙의 이야기, 희생자의 이야기가 이 모험 플롯에서 비롯되어 전개될 수 있게 된다.

현대적인 보물찾기 스토리텔링은 이처럼 모험 플롯과 미스터리 플롯, 이 두 가지의 큰 축이 겹쳐짐으로써 이야기의 재미성과 지식성을 동시에 갖출 수 있게 되었다. 단순히 주인공의 흥미진진한 모험만을 따라가는 것이 아니라, 그 과정에서 미스터리를 둘러싼 여러 가지 부가적인 지식이나 교양을 쌓을 수 있는 것이 장점이라고 할 수 있다. 이와 같은 측면은 백과사전식 지식 입력을 지양하고 정보의 경로를 찾아가는 길라잡이로서의 학습을 지향하는, 디지털 에듀테인먼트 콘텐츠가 주목할 만한 스토리텔링의 한 예라고 할 수 있을 것이다.

디지털 에듀테인먼트 스토리텔링의 미래

　지금까지 디지털 에듀테인먼트 스토리텔링의 몇 가지 측면을 살펴보았다. 현재 한국의 디지털 게임은 세계적인 수준에 올라 있지만, 에듀테인먼트 콘텐츠의 개발은 교육용 애니메이션과 학습게임 타이틀 중심으로 이루어져 온 까닭에 그 규모나 콘텐츠의 질이 아직 만족할 만한 수준에 오르지 못하고 있는 실정이다. 이 글은 이제 디지털 에듀테인먼트 콘텐츠도 학교 등의 교육기관을 주 타깃으로 하는 교육 보조재의 형태에서 벗어나 실제 시장의 고객들을 끌어들이기 위해서는 콘텐츠의 스토리텔링 측면이 보강되어야 한다는 취지에서 쓰인 글이다.

　사회의 변화추세나 미디어의 발전 속도로 볼 때 디지털 에듀테인먼트 콘텐츠의 가능성은 크다고 보인다. 따라서 이제 단순한 보드게임의 수준을 넘어서 본격적인 스토리텔링 기반의 콘텐츠 개발이 필요한 단계이다.

이를 위해 디지털 콘텐츠의 특성을 이해하고 그것을 기반으로 한 스토리텔링 기법에 대한 고려가 필요하다. 디지털 기술의 발전은 기존의 선조적인 스토리텔링에서 한 단계 진화한 비선조적인 스토리텔링의 기법을 요구한다. 그에 따라 기존의 인물중심의 스토리텔링에서 공간중심의 스토리텔링에 대한 이해가 필수적인 사항이 되었다. 인물의 성격화 대신 캐릭터의 외양과 아이템을 다양화하는 것이 필요해졌고, 인물의 갈등 중심으로 구성된 사건들을 퀘스트 중심의 사건으로 이해하는 것이 필요해졌다. 아울러 선조적인 스토리텔링에서 인물과 사건에 비해 부차적으로 여겨졌던 배경이 더욱 중요해져서, 사건 발생 가능성이 내포된 공간구조를 설계하는 것이 스토리텔링의 매우 중요한 측면이 되었다.

아울러 디지털 에듀테인먼트 스토리텔링의 경우, 에듀테인먼트 콘텐츠가 필요로 하는 특성을 한 차원 더 고려해야 한다. 교육적 목표가 너무 생경하게 드러나지 않도록, 콘텐츠의 표면적인 목표와 이면적인 목표를 이중적으로 설정해야 하며, 그와 연동해서 내용을 구성하는 퀘스트의 스토리텔링 역시 표면적 의미와 이면적인 의미를 동시에 확보해야 한다.

또한 디지털 에듀테인먼트 콘텐츠가 자금지원의 형태로 그 비용을 충당하는 것이 아니라, 자체적으로 수익을 발생시킬 수 있으려면, 다양한 비즈니스 모델에 대한 고려도 필수적이다. 본문에서 설명한 바와 같이 캐릭터 및 아이템의 설계를 통해 수익모델을 확보할 수 있는 방안도 고안되어야 할 것으로 보인다.

아직까지 투입되는 자본의 규모가 미약하기 때문에 디지털 에듀테인먼트 콘텐츠는 온라인 게임이나 영화, 애니메이션 등의 디지털 엔터테인먼트 콘텐츠와는 비교하기 어려운 상황인 것으로 보인다. 그러나 오프라인 서적들이 에듀테인먼트 스토리텔링을 활용해 청소년 학습서 분야에서 커다란 시장을 창출해내고 뛰어난 콘텐츠들을 개발해 낸 사례가 있음을 기억해야 한다. 세상은 점점 더 디지털 에듀테인먼트 콘텐츠를 필요로 할 것으로 보인다. 이제 중요한 것은 디지털 매체의 특성을 이해하고 그에 발맞춰 보다 적합한 스토리텔링 기법을 구사하는 것이다.

참고문헌

강인애 외, 「웹 기반 문제중심학습(problem-based learning)의 개발 사례: 초등, 고등, 대학교의 경우」, 교육공학연구 15, 1999.

강인애, 『왜 구성주의인가』, 문음사, 1997.

노르베르트 볼츠, 『컨트롤된 카오스』, 윤종석 역, 문예출판사, 2000.

『디지털 콘텐츠 산업백서』, 한국소프트웨어 진흥원, 2003.

『미래형 콘텐츠 개발을 위한 주제별 세미나 자료집 - 에듀테인먼트:에듀게임과 디지털 스토리텔링』, 한국교육학술 정보원, 2005.

『미래형콘텐츠 연구방향수립을 위한 전문가 협의회 자료집』, 한국교육학술정보원, 2005.

로널드 B. 토비아스, 『인간의 마음을 사로잡는 스무가지 플롯』, 김석만 역, 풀빛, 1997.

로버트 맥기, 『시나리오 어떻게 쓸 것인가』, 고영범·이승민 역, 황금가지, 2002.

로제 카이와, 『놀이와 인간』, 이상률 역, 문예출판사, 1994.

류철균, 「한국온라인게임스토리의 사례연구」, 『제48회 전국 국어국문학 학술대회 발표논문집』, 국어국문학회, 2005.

마이클 J. 울프, 『오락의 경제』, 이기문 역, 리치북스, 1999.

월터 J. 옹, 『구술문자와 문자문화』, 이기우·임명진 역, 문예출판사, 1995.

이인화 외, 『디지털 스토리텔링』, 황금가지, 2003.

자넷 머레이, 『인터렉티브 스토리텔링』, 한용환·변지연 역, 안그라픽스, 2001.

한혜원, 「게임스토리텔링의 미학연구」, 『제48회 전국 국어국문학 학술대회 발표논문집』, 국어국문학회, 2005.

디지털 에듀테인먼트 스토리텔링

초판발행 2005년 8월 5일 | 2쇄발행 2006년 7월 5일
지은이 강심호
펴낸이 심만수 | 펴낸곳 (주)살림출판사
주소 413-756 경기도 파주시 교하읍 문발리 파주출판도시 522-2
출판등록 1989년 11월 1일 제9-210호
전화번호 영업·(031)955-1350   기획·(031)955-1370~2
        편집·(031)955-1362~3
팩스 (031)955-1355
e-mail salleem@chol.com
홈페이지 http://www.sallimbooks.com

ISBN 89-522-0416-6 04080
      89-522-0096-9 04080 (세트)

값 3,300원